Friedrich Rochlitz
Tage der Gefahr

*Ein Tagebuch
der Leipziger Schlacht*

*1988
Insel-Verlag*

© 1912 Insel-Verlag, Leipzig
und 1988 für diese Ausgabe

ISSN 0233-1047
ISBN 3-7351-0123-2

Goethe über
›Tage der Gefahr‹ von Friedrich Rochlitz

Hier enthalt ich mich nun nicht, einer der wundersamsten Produktionen zu gedenken, die sich vielleicht je, man darf wohl sagen, ereignet haben. Es ist das Tagebuch der Schlacht bei Leipzig, wo die beiden Talente des Verfassers als Schriftstellers und Tonkünstlers vereint hervortreten und zugleich sein rein ruhiger, zusammengenommener Charakter sich gewährt, wie der eines Schiffers im Sturm, aufmerkend geschäftig, obgleich beängstigt, sich gar löblich hervortut.

Das Bedürfnis unseres Freundes, Ereignisse zu beobachten, seine Gedanken durch Schrift, seine Empfindungen musikalisch auszudrücken, wird uns dadurch erhalten und auch der Folgezeit offenbart, das Unbewußte, Desultorische der überdrängtesten Augenblicke – von gefahrvoller Beobachtung kaum zu überlebender Momente zum Flügel, um das Herz zu erleichtern, zum Pult, um Gedanken und Anschauungen zu fixieren – ist einzig; mir ist wenigstens nichts Ähnliches bekannt. Diese bewußte Bewußtlosigkeit, dieses unvorsätzliche Betragen, diese bedrängte Tätigkeit, diese nur durch Wiederkehr zu gewohnten, geliebten Beschäftigungen gefundene Selbsthilfe, wo eine im augenblicklichen bänglichen Genuß erhaschte Wiederherstellung schon genügt, um größeren Leiden mit unverlorener Selbständigkeit wieder entgegengehen zu können – alles dieses ist ein Dokument für künftige Zeiten, was die Bewohner Leipzigs und der Umgegend gelitten haben, als das Wohl der Deutschen nach langem Druck sich endlich wieder aufrichtete.

Auch mir besonders war dieses Tagebuch von großer Bedeutung, indem ich gerade in denselbigen Stunden noch in ahnungsvoller Sicherheit, umgeben von einer ängstlichen Stille, meinen gewöhnlichen Geschäften nachging, oder vielmehr im Theatergeschäft den Epilog zu Essex schrieb, in welchem die merkwürdigen prophetischen Worte vorkommen:

> Der Mensch erfährt, er sei auch, wer er mag,
> Ein letztes Glück und einen letzten Tag.

Aus ›Kunst und Altertum‹

Noch aber muß ich einer höchst merkwürdigen, vielleicht einzigen Darstellung gedenken: es ist das Tag- und Stundenbuch der Leipziger Schlacht von Rochlitz, wovon ich anderwo gehandelt habe.

Aus den ›Annalen‹

An Rochlitz, den 22. April 1822:
Ihre treffliche mir wohlbekannte Schilderung jener Leipziger Unglückstage lese ich wieder und bewundere abermals die besondere Fügung, daß ein Mann von Ihrem Geist und Sinn, in Augenblicken wo uns die Sinne vergehen, das Übergewicht eines angeborenen und wohlgeübten Talents empfindet, zur Feder greift, das Unerträgliche in der Gegenwart zu schildern. Sie erhalten nächstens dagegen einen treuen Abriß meiner wunderlichen Militärlaufbahn; auch durch diese Erbkrankheit der Welt mußt ich einmal durch, damals ging ich der Weltgeschichte entgegen, nachher hat sie uns am eigenen Herde aufgesucht.

Tage der Gefahr

Vorbericht

Folgendes ungestalte Konglomerat eines Briefs ward wirklich in den angegebenen Tagen und Stunden zustande gebracht und dem Freunde, welchem allein es bestimmt war, zugesandt. Ohne mein Wissen fand es damals auch bei andern Anteil, fast ohne mein Wollen wird es nun einem weitern Kreise vorgelegt. Ich kenne nämlich das Bedenkliche späterer Mitteilung solcher rücksichtslosen Erzeugnisse des Augenblicks, selbst an Freunde: wie viel mehr an das Publikum. Für das *Bemerkte* ist später der Gesichtskreis erweitert, vieles Dunkle erhellt, vieles irrig Aufgefaßte berichtigt, vieles Unvollständige ergänzt; für das *Empfundene* ist das liebe Selbst, das im Moment frischer Anregung mit seinen kleinen Angelegenheiten so gern mit hervorschimmert oder -wimmert, vom bessern Ich in den gehörigen Hintergrund gedrängt, und nun erscheint doch, in seiner Beschränktheit jenes, in seiner Armut dieses, als feststehend im Innern des Schreibers, und als sein Bestes. Gleichwohl – und das haben auch wir Leipziger mit dem, was hier erzählt wird, schon jetzt reichlich erfahren – gleichwohl ziehen mit der später gefundenen Wahrheit auch der später gebildete Irrtum ein und nimmt, findet er nicht Widerspruch, Sitz und Stimme in der Geschichte; hat uns die Zeit für das Ganze eines historischen Moments höher gehoben, so hat sie zugleich eben damit vieles in den Teilen dem Auge bis zum Unkenntlichen verkleinert, und nicht selten ist eben dies, wenn auch nicht der Wissenschaft, doch dem Menschensinne, kaum das minder Wichtige; mit dem Untergange des Einzelnen und Persönlichen gehet auch vieles an Wärme und Anschaulichkeit der Darstellung unter; eigentliche Chroniken schreibt man leider nicht mehr: schon dies, zusammengenommen, gibt dem Ansinnen, rücksichtlose Ergießungen des

Augenblicks wie die meinigen öffentlich mitzuteilen, ein Gewicht, dem man fast wider Willen weicht. Und da, was nun also ausgestellet wird, durchgehends und ganz bleiben muß, wie es im Augenblick entstanden, nicht nur mit seinem Unvollständigen, Kleinlichen, Persönlichen, sondern selbst mit seinen Fehlschlüssen und Mißgriffen (das offenbar Irrige wird von der Geschichte leicht berichtiget): so gibt man dabei insofern sich selbst auf; läßt dahingestellt sein, was Leser aus einzelnem in Worten und Handlungen über das Ganze und Bleibende im Wesen des bald überreizten, bald ermattenden Berichterstatters schließen wollen und dergleichen mehr.

Und so, ganz so werfe ich diese Blätter in den reißenden Strom unsrer Zeit – –

Leipzig, den 25. September 1813.
Gestern nachmittag erhielt ich Ihr Blatt durch den Legation-
rat***. Meinen letzten, ziemlich ausführlichen Brief, vor vier-
zehn Tagen abgesandt, scheinen Sie nicht empfangen zu haben.
Kein Wunder! Andre Leute werden ihn schon gelesen haben.
Es sei: er enthielt gar nichts über öffentliche Angelegenheiten,
wie dies Blättchen auch nichts dieser Art enthalten soll. Das
Unschuldigste kann jetzt gemißdeutet, das Einfachvernünftigste
verpönt werden; und wird es. Es sind hier in diesen Tagen wieder einige nicht unangesehene und auch als besonnen und wohl-
gesinnt bekannte Männer eingekerkert worden; niemand weiß
noch recht, warum? ›Nun: darum!‹ sagen eigensinnige Kinder,
die verwöhnt sind, kein Gesetz, als ihren Willen zu erkennen;
und wollen ihre Gesellen sich damit nicht beruhigen, so setzt es
Schläge. – General Bertrand, unser Kommandant, erweiset sich
auch jetzt noch als den einsichtvollen, gemäßigten, humanen
Mann, den er uns stets gezeigt; aber was kann, was darf er –
ich will gar nicht sagen, gegen, sondern nur über die mit eiser-
nem Griffel tief und scharf in Stein gerissene Kreislinie des
Systems?

Seit einigen Tagen erfreuen uns auch wieder durch ihre An-
wesenheit der liebevolle Herzog von Padua und der teuere Herr
Bacher.

Unser neues Lazarett vor der Stadt, für etwa 3000 solcher
Kranken erbauet, die Ansteckung verbreiten könnten – Sie erinnern sich, es wurde auf Subskription mit größter Anstrengung
und schneller, als wohl jemals hier ein Gemeindebau, errichtet –
dies kann nicht gebraucht werden: die gesperrte Straße nach
Böhmen läßt keine Fenster ankommen. So sind die Gelder ge-

gangen, die Kranken geblieben. An Verwundeten und andern Kranken haben wir jetzt nahe an 9000: das heißt, auf vier Einwohner, Weiber und Kinder mitgerechnet, ziemlich einen. Das möchte noch sein; wären wir nur jene Ruhr- und Nervenfieberpatienten los, deren an 1500 sind.

Die neue Zwangsanleihe des Magistrats, der nun kein Unterpfand mehr zuzusichern hat, als sein Wort – muß sehr schnell und eifrig eingetrieben werden: denn woher sollte er sonst alles jetzt Nötige nehmen? Bei dem großen Mangel an barem Gelde fällt aber auch mancher der besten Wirte in große Verlegenheit oder in die Hände reicher Wucherer und ihrer Helfershelfer. Nach dem, was ich zahlen müssen, ist das Verhältnis im Durchschnitt etwa auf 3 Prozent berechnet. Aber wieviel werde ich denn von dem also Besteuerten behalten? ja, wieviel besitze ich denn wirklich jetzt? Ich weiß es nicht; und keiner weiß es zuverlässig. Indessen werden meiner Einquartierten, in der Stadt und in meinem Landhause, immer mehr, wie das auch nicht anders sein kann. Dort ist seit einiger Zeit meine Mittelzahl über 30 Mann; beim jetzigen Preis der Lebensmittel zahle ich für jeden täglich 20 Groschen. Nur allein das Haus meiner Frau kostet die noch nicht vollen neun Monate dieses Jahres, außer dem ganzen Ertrage, über 3000 Taler bar; und allem Ansehn nach muß das bald noch um vieles höher steigen. Und lebte hier ein Goethe, schrieb mit Kotzebues strömendem Tintenfluß Tag und Nacht, und ein Cotta stünde dabei, in eins fort druckend und zahlend: der Göttliche erschriebe nicht genug, die an ihm nagenden Soldaten zu sättigen. Man hat so oft, im Ernst und Scherz, das Glück der Dichter gepriesen, die nichts besitzen als sich und ein gemietetes Dachstübchen, daß, wenn's einer nochmals wollte, er um eine neue Wendung verlegen sein müßte: da hat er eine, und die sogar für Ernst und Scherz taugt. –

In Dresden, hör ich, will man wissen, alle unsre Kirchen wären zu militärischen Bedürfnissen weggenommen. Nein doch! wir haben noch – eine! zum Glück ist das unsre schöne Niclaskirche. Überhaupt soll es in Dresden – ich meine, in der Stadt, auf den Straßen – noch viel schlimmer aussehen, als bei uns. Indes, wer weiß, was uns noch zukömmt! Es geschieht aber auch wahrlich hier von seiten der Polizei alles, was irgend möglich ist; und so ungern ihr Herren dran gehet, an uns Leipzigern etwas zu rühmen, das ihr nicht selbst im Überfluß besitzt: ihr würdet, sähet ihr aus euren Sessionstuben, bis hieher, die hiesige, wahrhaft ausgezeichnete Regsamkeit, Geschäftgewandtheit, fast unermüdliche Arbeitsamkeit, wo es nämlich gilt – nicht nur, wie ihr immer solltet, mit Achtung anerkennen, sondern, da sie jetzt nicht auf Mäkeln und den Säckel des einzelnen gerichtet, vielmehr unter zweckmäßiger und kräftiger Leitung über das Allgemeine und sein Wohl verbreitet ist, sie laut rühmen, preisen und nachahmen – –

Den 1. Oktober.

Ich wurde neulich gestört. Da ich jetzt überlese, was ich geschrieben, fühle ich mich sehr geneigt – wozu ich schon oben angesetzt – den Segen der Gewöhnung ans Schriftstellen zu preisen. Wie hatte ich über dem Allgemeinen und Entlegenern, was mir auf Veranlassung der Feder durch den Kopf ging, das verwünscht Besondere und Nahgelegene, was indes vorging und auch auf mir lastete, vergessen und, da ich's nicht wenden konnte, walten lassen! Ich sage nichts davon: die Post gibt keine Sicherheit mehr; auch wäre ja, was ich Neues meldete, bei dem unaufhörlichen, urplötzlichen Wechsel der Dinge schon veraltet, ehe es zu Ihnen käme – käm es nämlich…

Ich wollte wieder hinweg davon; aber ich kann nicht. Wende ich mich auch mit Gewalt ab von dem, was rohe Übermacht im ganzen und großen übt, so ringe ich doch vergebens mit mir, den Eindruck loszuwerden, den einzelne Szenen, den Sinnen aufgedrungen, auf mich machen; zum Beispiel erst vorhin ein einziger, kurzer Gang über die Straße.

Mein Weg führte mich zum Markt. Ich fand ihn voll Getümmel des Volks, der Soldaten, des Fuhrwesens; diesem auszuweichen, schlich ich an der Seite hin und brauchte nicht zu fragen, was es gebe. Von früh an hatten neue Züge Kranker und Verwundeter –

zum Teil noch nicht verbunden – die schon angefüllte Stadt überschwemmt; noch um 10 Uhr vormittags war es unmöglich, sie alle nur ins Trockene zu bringen, und doch strömte der kalte Regen immerfort vom Himmel herab. An den Häusern, unter den kleinen Wetterdächern, die über den Gewölben der Kaufleute hervorragen, lagen ihrer noch reihenweis. Welche von Jammer und Schmerz oder Erbitterung und Haß zerrissene Gestalten! – In der Grimmaischen Gasse, durch die ein neuer Zug langsam vorrückte, mußte ich einige Minuten auf den Moment warten, wo ich zwischen den Wagen durchschlüpfen konnte; drei verwundete Pferde, deren Reiter wahrscheinlich auf dem Wagen lagen, mit verrücktem Sattel, hangendem Zeug, hinkend und blutend, aber in Reih und Glied geschlossen, fielen mir da zunächst ins Auge, und eben sank das eine, das mittlere, zusammen – still, ohne Laut. (Es hat für mich immer etwas so Rührendes gehabt, daß das edle Pferd nur in Freude und Lustgefühl laut wird, nicht im Schmerz, nicht im Sterben!) Die andern zwei sahen auf den Gefährten herab; da rückte der Zug ein wenig vorwärts, und um den Sterbenden behutsam schreitend, schlossen sie sich nun aneinander und hinkten in Reih und Glied weiter. Ich kann's nicht sagen, auf wie ganz eigene Art dieser Anblick mich rührte. – Wenig Schritte weiter, da, wo die Grimmaische Gasse nach dem alten Markte führt, hielten sechs oder sieben französische Gardisten, abgesessen, ihre Pferde an der Hand. Unter dem kleinen Wetterdach am Fürstenhause lagen vier, gleichfalls französische Kranke, die auch noch nicht hatten untergebracht werden können. Ich kam eben dazu, als jene durch langes Liegen in Blutquellen versteinten Menschen, um ihre Pferde trocken zu stellen, ihre Landsleute und Kameraden, an Füßen und Schultern sie fassend, unter dem Dache weg gleichgültig in den Regen zu tragen begannen. Das lebhafte Einreden mehrer Umstehenden störte sie so wenig, als das Jammern jener Unglücklichen oder meine und eines andern Mannes Vorbitte. Mit eins brach aber das Menschengefühl bei den Herzulaufenden kräftig hindurch; man schrie auf die Gardisten, die eben den dritten Kameraden ergreifen wollten, ein; man schimpfte, man drohete, man wollte ihnen zu Leibe: mit trockenem Hohn und mit empörenden (zum Glück französischen) Schimpfreden zogen sie sich geschlossen nach der Mauer und faßten die Säbel. Im Augenblick schien der Tumult ernsthaft zu werden; aber man schaffte Auskunft und brachte die Leidenden in das nächste, kleine Haus, wo sie mit Labung und Stärkung überhäuft wurden. Vor Freude darüber und Mitleid zog alles nach, und niemand dachte mehr an jene Unmenschen, die den Kampfplatz behaupteten. »Ah, gut Mann, Sachs!« rief einer der Franken der Hökerfrau zu, die aus ihrem ärmlichen Handkorb jedem (weiter besaß sie nichts) einige Äpfel auf die Brust legte, die er freilich nicht brauchen konnte. »Ja«, erwiderte die Frau im Eifer; »aber Seine Kameraden, Musjeh, das sind ja Lümmel! Na, sei Er nur stille (der Mann war's aber schon –), sei Er nur stille: der Teufel kriegt die zeitig genug – will's Gott!« – –

So mehrt sich von Tag zu Tag selbst für mich Einsamen der Anblick nicht nur des tausendgestaltigen Kriegselends, sondern auch dessen, was empört, selbst das Volk, ja den Pöbel. Franzosen von Einsicht und Bildung, spricht man mit ihnen darüber und über dessen mögliche Folgen, zucken die Achseln und lächeln mit jener Artigkeit, die beschränkten, aber gutgemeinten Urteilen nicht wegwerfend entgegentreten, ihnen sogar ein gewisses unterordnendes Anerkenntnis schenken will, aber doch zugleich nicht ganz verbergen kann und soll, die Urteile seien schwach und nichtig. Gleichwohl – sollten diese Männer sich eben beim Volke, eben beim deutschen Volke nicht irren? Wie wir nun hier umgeben und eingerammt sind, darf man nicht wagen, gewisse Ideen schreibend zu verfolgen: an eine Mitteilung ohne ganz bestimmte, irdische und verdächtige Zwecke glaubt keine französische Behörde. Spinne ich aber für mich aus, was sich nicht mehr abweisen lassen will, so durchschauert mich ein Gefühl, das ich wahrlich nicht Furcht nennen kann, wenn es auch nicht ganz ohne sie ist. Ja, selbst diese Mischung ist wohl nur einer der Momente, aus denen mir einzuleuchten anfängt, ich sei in etwa zwei Jahren vielleicht um zehn älter geworden. Leider, leider! Aber zu verwundern ist's nicht: der Mensch wird überhaupt schnell alt bei vielem Neuen, sowie still bei vielem Lärmen. – – Was eigentlich über unser Weichbild hinaus neuerdings geschehen ist, erfahren wir nicht. Gerüchte aller Art verbreiten sich zwar, durchkreuzen aber, ja widersprechen sich so sehr, haben auch so oft getäuscht, daß sie keinen Glauben finden. Wissen wir doch nicht einmal, woher denn eigentlich die großen Züge Verwundeter kommen; und der gemeine Franzos, ja oftmals selbst der für gesellschaftliche Verhältnisse gebildete, bei seiner gänzlichen Unwissenheit in allem, was über jenes sein Urteil begründen könnte, bei seinem festesten Vertrauen auf das, was ihm, dies zu begründen, gesagt oder gar schwarz auf weiß gegeben wird – er weiß es auch nicht. Vornehmere sprechen wenig und von großen, aber schwer errungenen Vorteilen, doch ohne Übereinstimmung und Klarheit. Vielleicht muß man eben hieraus auf Bedenkliches schließen. Und das geschieht denn auch, selbst vom Volk, und unverhohlen. Es ist ein dumpfes Treiben und Wogen, ein Zusammenlaufen und Ängsten auf den Straßen und allen geräumigen Plätzen, ein unbestimmtes Hoffen, Fürchten, Klagen, Drohen – fast wie es Sallust so trefflich schildert, wo er von Rom nach Catilinas Auszug spricht. – Am 28. abends traf der Herzog von Ragusa ein. Das Thomésche Haus am Markte ward für Napoleon eingerichtet und seine Ankunft verkündigt; bis jetzt ist er aber noch nicht hier. Daß sich Heere der Verbündeten fast von allen Seiten gegen uns herbewegen und schwedische Reiterei schon bis nach Halle gestreift sei, ist das einzige Sichere, was wir wissen.

Den 5. Oktober.

Der Postenlauf ist nun fast nach allen Seiten hin, auch für sächsische Orte, gehemmt. So lasse ich denn diese Blätter liegen und schreibe daran in den einzelnen freien Stunden, ebenso wie ich, wohnten wir an Einem Orte, einen Sprung zu Ihnen laufen würde, nicht um etwas Bedeutendes durchzusprechen, sondern Sie zu grüßen, irgendeinen Vorfall Ihnen mitzuteilen und wegzugehen.

Die Not um die ersten Bedürfnisse, noch mehr der Pferde als der Menschen, fängt an schrecklich zu werden; und schließen uns die Verbündeten enger ein, so daß die etwas entferntern Zufuhren aufhören, so helfe uns Gott. In meinem lieben Connewitz ist schon seit voriger Woche kein Haferkorn, kein Strohhalm mehr; und so fast in allen nahe umliegenden Dörfern. Die Stadt muß sie versorgen. Da unter den Truppen alle Zucht und Ordnung, außer im eigentlichen Dienst, aufgehört hat, nimmt jeder, was irgend aufgefunden werden kann, und denkt beim Gebrauch nur an sich und sein augenblickliches Bedürfnis. Die Tausende, die Tag und Nacht im Freien liegen, während rauhe Zugwinde daherstreifen und der Regen den kalten Boden aufweicht, müssen sich allerdings zuerst gegen diese Unbilden der Natur schützen. Das geschieht in der Regel, indem sie in den Dörfern Türen, Fenster, Dielen usw. losbrechen, daraus, so gut es gehen will, Hütten bauen und den Boden wie das Dach mit Stroh — bedecken würden, wenn das vorhanden wäre, so aber statt dessen unausgedroschene Garben gebrauchen, die auch den Pferden vor- und untergestreuet werden. Rückt nun eine Horde weiter — und wie oft geschieht das! — so tut sie sich zuvor die Güte, den Bau anzubrennen, um sich an seinem Lodern einmal recht durchzuwärmen, denn die bis dahin von Brettwänden der Gärten, Staketen, Tischen, Bänken oder, war das schon aufgebraucht, von frischgefällten Bäumen erhaltenen Wachfeuer leisteten das nicht genug, zumal da diese oft vom Regen verlöscht wurden oder in ihrer dumpffeuchten Glut einen unerträglichen Qualm verbreiteten, der gänzliche Annäherung unmöglich machte. (Ich hatte vorgestern die schönste Gelegenheit, das zu beobachten, als ich mein unglückseliges Tuskulanum einmal zu sehen versuchen wollte, aber, von allen gewarnt, nicht weiter kam als bis zum Biwak vor dem Dorfe. Die Soldaten lagen, schrien, sangen wild durcheinander und sahen, von jenem Qualm geschwärzt, wie die Teufel aus — zu ihrem eigenen Spaß, doch wahrlich nicht zu meinem. Jeder von den Gärten her neu herzugeschleppte Baum schien mir einer meiner Lieblinge; und Sie kennen meine Freude und Liebe für schöne Bäume! Von meinem Wohnhause sahe ich nur das Dach, vom Garten nur, was über die Mauer hinausgrünet, an dieser Mauer selbst aber mit Schrecken, daß der Ausgang ins freie Feld nun auch ohne Tür, mithin ein freier und bequemer Durchzug nach dem Lager hin sei; und mein kleiner, schöner Birkenhain, wo ich in den letzten Jahren das Beste, was ich gearbeitet, ersonnen, das Schönste, was mir zuteil worden, genossen hatte – dieser schien mir mit den schlanken Wipfeln seiner Bäume zuzunicken und schon ziemlich dünn geworden zu sein. Aus den Gedanken und Gefühlen, die sich dabei meiner bemächtigten, weckten mich mehre der Herren Teufel, die achtsamer auf mich wurden und von denen der eine, näher tretend, mit besonderer Zuneigung die Brauchbarkeit meines Mantels und meiner Stiefeln zu erwägen schien. Da faßte ich mich zusammen, kehrete um und sang mir selbst vor Goethes ›Ich besaß es doch einmal‹.)

In der Stadt fängt ein neues Übel an sehr merkbar zu werden. Man hat kein Holz zum Heizen und kaum, wer sich beizeiten versehen können, einiges zum Kochen. Da nämlich unsere bekannten Holzquellen schon längst entweder abgeschnitten oder anders verwendet sind, kein Holzbauer auch seiner Pferde mächtig ist oder wird, falls er deren noch hat, das wenige Flößholz aber, das dies Jahr gesendet worden, kaum für den dringendsten Bedarf gereicht hat, so ist der Mangel nicht zu vermeiden gewesen, wie lange auch die Behörden sich schon voraus bemühet haben, ihm zu begegnen. Unter die, welche fast gar kein hartes Holz besitzen, gehört Ihr Freund; und wird nicht irgendwoher Luft gemacht, so kann er in vier bis sechs Wochen auch nicht mehr kochen.

Der heutige Tag hatte übrigens viel Ängstendes für uns insgesamt. Es waren Reiterhaufen der Verbündeten (Preußen und Schweden, soviel ich weiß) von der Dübener und Halleschen Straße bis gegen die nahen Dörfer vorgedrungen (selbst hinter Gohlis ist gefochten worden); und wie unbedeutend man auch dergleichen Anläufe und Versuche darstellt: die mannigfaltigen, strengen, beeilten Gegenanstalten lehren anders. – Die Tore blieben gesperrt. Einander widersprechende Gerüchte, eines über das andere, wurden verbreitet; auch ward selbst auf den Straßen das Wort lauter und freier. Kanonendonner vernahm man von Halle her fast immerfort. Ein Viktualienhöker, der mit seinem Krame die Stadt zu erlangen versucht hatte, kam ohne diesen im Tore an und berichtete: aus dem hintern Gehölz des Rosentals, gegen Schönau, sei ein Trupp Kosaken hervorgeschwärmt, habe ihm seine Waren freundlichst abgenommen und der Anführer, der etwas Deutsch gekonnt, ihm dafür aus großer Geldkatze *den* blanken Dukaten gegeben; aber er müsse nun auch, habe er ihm anbefohlen, nach der Stadt gehen und sagen: »Hurra, Kosaki; Franzos kaput!«; darauf habe er ihn Bruder geheißen und ihm einen gewaltigen Kuß gegeben. Man beschwichtigte freilich den Mann nachdrücklichst; aber ohngeachtet nur ein paar Leutchen seinen Bericht mit vernommen und ohngeachtet ein einziges ausgesprochenes Hurra Arrest und Stockprügel bringt, lief das Geschichtchen pfeilschnell durch die Straßen, bis wieder ein anderes es verdrängte. – Die Hoffnung, man werde, rückten nun die Armeen der Verbündeten ernstlich heran, Leipzig verlassen, da es ganz offen, da seine ganze nähere Umgebung von kleinen Flüßchen und Bächen vielfach durchschnitten, mit zerstreutem Gehölz reichlich besetzt ist und zum größten Teile aus Wiesen besteht, die jetzt von langanhaltenden Regengüssen mehr oder weniger versumpft liegen – diese Hoffnung scheint jetzt grundlos. Und rückten nun die verbündeten Heere wirklich in all ihrer Kraft heran und Napoleon zöge die Seinigen in unsrer Nähe zusammen und wir selbst dieneten so, wegen der nach allen Seiten hinlaufenden Heerstraßen, beiden Parteien gewissermaßen zum Mittelpunkt: was würde da mit uns, was überhaupt werden? Das weiß niemand, als Einer; aber zum Glück eben der, von welchem es dort heißt: Die Könige im Lande lehnen sich auf, aber Er lachet ihrer! Und weiter – weiter muß doch nun einmal, was seit fünfundzwanzig oder eigentlich seit fast vierzig Jahren die Völker ergriffen und alles, was von irdischer Weisheit feststand, in seinen Grundpfeilern erschüttert hat. Auf welchen Wegen, durch welche Mittel? Auf den sichersten, durch die wirksamsten! Zu welchem Ziele? Zum herrlichsten! Welche sind nun aber jene, welches ist dies? Das weiß eben Er und weiß es allein. Und weil wir nun von Ihm wissen – nicht nur jenes ›Lachet ihrer‹, sondern auch: Kann wohl ein Weib seines Kindleins vergessen? und ob es sein dennoch vergäße, will ich sein nicht vergessen: so wird's ja wohl am besten sein und bleiben, in ihm zu ruhen, wenn sonst nirgends Ruhe ist, und der innern Stimme zu folgen bei dem, was man tut, wenn keine äußere sicher und weise sein kann. So war diesen Abend ** bei uns. »Sehen Sie«, sagte er, »daß es gut gewesen wäre, vor drei Wochen der freundlichen Einladung nach Prag zu folgen? Nun ist's zu spät.« Er mag recht haben mit seinem Tadel; aber ich kann mir auch nicht unrecht geben. Die Meinen hätte ich damals wirklich gern geflüchtet; aber sie wollten mich schlechterdings nicht verlassen, und ich konnte mir nun einmal nicht verstatten, den Ort im Unglück zu meiden, an dem ich mein Dasein und Glück gefunden. Wer kann denn wissen, ob in entscheidenden Momenten nicht selbst durch des einzelnen schwache Kraft etwas Namhaftes geleistet werden kann? Ja selbst das Gefühl: du hast treulich und freiwillig ausgehalten – selbst dies Gefühl hat, wie auch die Klugheit widerspreche, etwas, das ich nicht von mir weisen mochte und auch jetzt, gäb es noch eine Wahl, nicht von mir weisen würde. – – Es ist spät in der Nacht, mir aber noch gar nicht wie schlafen. Doch muß ich's wohl versuchen; wer weiß, was morgen geschieht und eine durch Ruhe gestärkte Kraft verlangt. Gute Nacht denn! – –

Den 11. Oktober.
Wie vielen und zum Teil äußerst merkwürdigen Stoff mir die letztverflossenen Tage darboten – ich habe nicht schreiben können, weniger verhindert durch äußere Verhältnisse, als durch innere Stimmung. Dies stetige Bedrängnis von allen Seiten und von aller Art; wohin man den Blick wirft – dort ungezügelte Roheit, kalte Gewalttat und was sich an das eine oder das andere zu hängen pflegt, offen, übermütig, nicht selten mit empörendem Hohn dargelegt; hier Not und Elend in den vielfältig-

sten, oder Schändlichkeit, sich ihnen zu entreißen, in den ekelhaftesten Gestalten; dabei kein lichter, das Auge erfreuender, das Herz belebender, den Mut anfachender Punkt und Halt, außer in dem Allgemeinsten, was aber beim gewaltsamen Andrängen des einzelnen, hält es auch im Geiste stand, das Herz nicht füllt und den Sinn preisgibt; dies zusammengenommen, macht endlich wenigstens insoweit mürbe, daß man, stets vom Augenblick beschäftigt, nicht mehr zusammensetzen und überschauen, wie viel weniger dem andern darstellen mag, was man gesehen, was man erfahren hat. Jetzt kann ich mir das in der Geschichte so oft geschilderte greuelvolle Leben bloß für den Moment in aufgegebenen Städten – bei Hungersnot, Pest und dergleichen – erst in seinem Zusammenhange und seinen innern und äußern Quellen denken. – Hingegen die Ordnung und Präzision der französischen Heereshaufen im eigentlichen Dienst, bei all dem Wogen und Strudeln, ist und bleibt bewundernswert. Wallensteins ›Das Wort ist frei, die Tat ist stumm, der Gehorsam blind‹ – ›Was nicht verboten ist, ist erlaubt‹ – das konnte man wohl in dieses eisernen Revolutionärs eigenem ›Reich von Soldaten‹ kaum so in all seinem Umfange vollführt sehen, wie hier. Der Commissaire-Ordonnateur, den man mir nun auch noch in meine Wohnung, sie mit mir zu teilen, geschickt hat und dem ich einiges des Empörendsten mitteilte, hörte mich (er ist keiner der schlimmsten) ziemlich höflich an und sagte nichts als einigemal gerade mit dem Ton, als habe ein Kind ein Glas fallen lassen: »C'est dommage!« Dann aber erhob er die Stimme mit einem: »Mais, Monsieur« – und entfaltete nun das ›Rechtliche des Systems‹. Es kam darauf hinaus: »Jedes Land mit alle dem, was darin und darauf ist, gehört denn doch dem Fürsten. (Bon! rief er sich selbst zu.) Mithin Sachsen, mithin Leipzig, mithin auch Sie, mein Herr, mit dem, was Sie das Ihre nennen, Ihrem König. Bon!« Mit dem, was mein gehört, verfahre ich denn doch rechtlicherweise, wie ich will und wie es mir in jedem Moment als das Nötigste und Klügste einleuchtet. »Bon! Nun ist Ihr König mit unserm Kaiser d'accord; mithin« usw. »Sie haben einige Beschwerden für den Augenblick, das ist wahr« –

fuhr er fort, »aber dafür wird Napoleon der Große Ihren König und sein Land schützen; Ihr König wird mit ihm triumphieren; Sie werden teilhaben an unserm Ruhm, Sie werden mit uns glücklich sein. Also Geduld, mein Herr! eine kleine Geduld!« – –

Den 16. Oktober.

Die Würfel für Europas Gestaltung scheinen zu liegen; unser Los wird wohl nebenbei sich von selbst finden – wie des Frosches im Sumpf, wo Eber kämpfen. Wie hat man die letzten Jahre in Deutschland geschrien, doch große, nur recht große Maßstäbe an alles zu legen; an die Staaten nicht weniger als an die Poesie: nun, da hat man sie hoffentlich groß genug, die Maßstäbe! Scheint's doch selbst schon *etwas*, daß, wenn nun geschieht, was sich hier bereitet, in einem Kreise von wenig Meilen vielleicht eine halbe Million Kämpfer drangesetzt wird, von denen, weil sie recht eigentlich um Tod und Leben ringen *müssen*, anzunehmen (besonders beim Höchstungünstigen des Terrains und dergleichen), daß die Hälfte fällt und – trifft die Rechnung jenes geistreichen politischen Rechenmeisters Italiens zu, nach welcher ein fallender Krieger wenigstens vier friedliche Bürger mit hinabreißt – eine Million von diesen opfert! Auf einem Umkreise von wenig Meilen, meint ich, schiene das schon etwas! –

Wer da glaubte, Napoleon besitze nur noch wenig Kerntruppen und fast gar keine tüchtige Kavallerie, der machte vor drei Tagen, als Augereaus Korps von Naumburg her einrückte, große Augen, besonders bei der ältern, aus Spanien gezogenen Reiterei. Großenteils sind das Männer, bei denen einem die unter Alba in Brüssel eingerückten Spanier, wie sie Goethe im ›Egmont‹ aus den Erwägungen der armen Teufel von Bürgern vors Auge zu stellen weiß, als stünden sie da aus Eisen gegossen – diese, sag ich, mußten einem einfallen. Auch das am sechsten eingerückte Korps Infanterie, etwa 16–18 000 Mann stark, konnte schon stutzig machen. Zwischen diesen beiden Haufen, und jetzt noch immerfort, drängten sich nun aber kleinere herbei, die aussehen, als wären sie von allen Kerkern und Raubhöhlen Frankreichs ausgespien. –

In der Stadt und nähern Umgegend ist alle das Holzwerk, das zu Palisaden tauglich, genommen worden; und da dessen nicht genug vorhanden war, hat man Bäume nicht nur in den nahen Gehölzen, sondern auch (doch mit Wahl) in einem Teile unsrer schönen Anlagen um die Stadt zu jenem Behuf gefällt. Die Tore, die nicht zu Hauptstraßen führen, sind ganz gesperrt und nun verpalisadiert; die Haupttore sind dies auch, bis auf Öffnungen für die nötigsten Eingänge, welche zu verrammeln spanische Reiter bereitstehen. An Schutz oder Abwehr kann mit alle dem wohl nicht ernstlich gedacht sein; mithin nur an Aufhalten Heranstürmender und damit an Gelegenheit, den Tod desto mörderischer unter sie zu senden – was aber freilich auch ihre Erbitterung gegen die Stadt nur steigern, die Wut reizen, die gewaltsamsten Gegenmittel herbeiführen muß. Die Mauern der Gärten, welche fast ringsum die Stadt umgeben, sind für Schützen, Mann an Mann, durchlöchert – offenbar nur in derselben Absicht und leider zu demselben Erfolg. –

Über Mangel an den nötigsten Nahrungsmitteln, vornehmlich an Brot, konnte bisher in der Stadt noch nicht mit Grund geklagt werden. Die Tätigkeit unsrer, verbunden mit der Geübtheit und Konsequenz der französischen Behörden, hatte noch immer Rat geschafft. Selbst jetzt macht sie das Nötigste noch möglich; aber das Schwierige der Sache kann nicht mehr verborgen werden, und so fürchtet jeder nahen Mangel, will sich vorsehen und führt ihn herbei. Die Bäcker der Stadt können nicht viel über das liefern, was für die Heere vorausgenommen wird; die Landbäcker können nur von den nächsten Orten herein, da die entferntern von Streifkorps der Verbündeten weggefangen werden. Der Anblick, wie das Volk um jeden ankommenden Brotwagen sich schreiend drängt, jeder sein Geld hoch emporhält, den Verkäufer zu bewegen, nur ihn zu versorgen, einer den andern wegstößt (die Weiber schonen auch hier einander weniger, als die Männer), Gesindel zu erringen weiß, was rechtlichen Leuten oft nicht gelingt, und nun auf der Stelle mit Jubel das Erhaschte verteuert verkauft, um sogleich sein Glück von neuem zu suchen – dieser Anblick, obgleich nur eine ganz kleine Nebengruppe in dem reichen, großen Gemälde, hatte für mich etwas äußerst Widriges. Die Polizei hilft freilich auch da nach, soviel sie kann; aber wie wenig kann sie! –

Was wir über die Stellung der Heere Sicheres erfahren, läßt nicht mehr zweifeln, es wird erfüllt, was ich neulich als unsre Besorgnis anführte. Die ganze Mulde bis zu ihrem Einfluß in die Elbe ist in französischer Macht (auch Dessau); um sie her bilden die Verbündeten einen großen, wenn auch noch nicht überall geschlossenen Bogen, und dieser verengert und schließt sich nach allen Seiten – ohngefähr in gleichem Verhältnis – langsam und bedächtig, mehr und immer mehr. Ein ungeheurer, kühner und selbst bei der allergrößten Masse Volks, die er voraussetzt, doch wohl gefahrenvoller Plan! Was Napoleon will – ob sich einkeilen lassen und dann wie ein entzündeter Pulverturm nach allen Seiten mit eins übergewaltig losbrechen (aber was könnte er da erreichen, als höchstens große Verwirrung für den Moment?); ob vor gänzlicher Verengerung und Verdichtung des weiten Kreises an einem Punkte mit dem Kern seiner Heere, gleich dem umgarnten Eber, sich durchreißen, den Gegnern, während sie von den Zurückgelassenen vorn angegriffen würden, in den Rücken fallen (aber müßte er dann nicht zwischen zwei Armeen fechten, und zwar ihm an Kräften weit überlegenen?), oder was er sonst will: das weiß wohl er allein, und wem er selbst es offenbaret. Was in jedem dieser Fälle für uns zu fürchten, ermißt sich leichter.

Man hatte bei seiner bekannten Tagwählerei etwas Entscheidendes am Jahrestag der Schlacht bei Jena erwartet, zumal da unser von ihm nun umschlungener König und er selbst eintraf; es entzündete sich auch seit nachmittags zwei Uhr nach gewaltiger Kanonade ein hitziges Gefecht, meist der Kavallerie, bei Liebertwolkwitz und dauerte bis spät am Abend, aber entscheidend war es nicht; die Franzosen behaupteten ihre günstige Stellung, die Verbündeten, soweit sie auf jenem Punkte heran waren (meist Russen und Österreicher), zogen sich zurück; der gestrige Tag war ruhig. (Ruhig, sag ich? Ach Gott –!) Was der heutge bringen wird, muß sich bald zeigen. Ich schreibe nämlich in der Frühe.

Der Einzug unsers Königs, sonst ein herzerhebendes, freudenvolles Fest für die Bewohner der Stadt und Umgegend – (haben sie doch gar manches Mal drei, vier Stunden im Platzregen und Ungewitter seiner geharret!) dieser Einzug, wie überaus traurig war er diesmal! Eine dumpfe Stille in den Straßen, durch die er kam; der größte Teil achtbarer Bürger sich wie vor ihm verbergend; der Pöbel – Pöbel... Sein Aufenthalt in Prag, eben in Prag, im Schutz des mächtigen, redlichen, uns wohlwollenden Franz, und dabei nahe genug unsern Grenzen – war der lichteste Punkt für die Hoffnungen des Volks! – Ich ging in das Haus meiner Frau, die Schlösser unserer Gemäldesammlung zu revidieren. Der König war eben herein, ich hatte ihn nicht gesehen. Drei Bürger standen am Eingang jenes Hauses und klagten laut, daß sie ihn jetzt und *so* hätten kommen sehen müssen. Es schienen wackere Männer, ich trat zu ihnen. Sie ließen sich nicht stören. »Meine Herren«, sagte ich nach einer Weile – »vergessen Sie auch nicht, daß wir ohne ihn ganz als Feinde würden behandelt werden.« – »So? und könnt es uns denn da schlimmer gehen als jetzt?« – »Denken Sie doch nur an eins: an offene Plünderung!« –» Das ließen sie wohl bleiben, sie wissen schon selbst, daß sie hernach verhungern müßten wie eingesperrte Ratten.« So sagte einer, der andre fuhr hastig fort: »Dumm sind sie nicht, und da wissen sie: wär's zum Handgemenge gekommen, so sollte gar mancher« ... »Still davon!« unterbrach ihn sein Nebenmann. (Sie kannten mich nicht.) – »Aber müssen Sie nicht wenigstens mit Dank erkennen, daß unser König mit uns aushalten, mit uns leiden will – wie Sie mit Ihren Weibern und Kindern?« sagte ich. Sie schwiegen ein Weilchen, wie es schien, nicht ohne Rührung. Dann begann der Wohlbeleibteste und Rauheste, wiewohl mit unsicherm Sprachton, etwas Unziemliches in Fortsetzung meines Vergleichs; schnell unterbrachen ihn die andern – nicht, als scheueten sie mich, sondern offenbar in jener Verehrung und recht eigentlichen Anhänglichkeit an den König, die seit so langen Jahren in den Herzen der Sachsen heimisch ist, und womit sich wohl eine Opposition im Kopfe, auch auf solche Veranlassung ein unzufriedenes Wort, nicht aber etwas Gehässiges oder auch nur Ehrfurchtwidriges verträgt. Jene also unterbrachen ihn schnell, und er ließ sich sogleich bedeuten; gegen mich selbst aber richtete er den kleinen Rest der ihm nun einmal aufgeregten Galle, indem er, als ich (freilich unnötig) sein Wort widerlegen wollte, einfiel: »Na, der hochedle Rat« (er hielt mich für ein Mitglied desselben) – »der hochedle Rat mag über die Sachen denken, wie er will; wir wollen's ihm nicht verübeln; aber er mag uns auch bei unserm Unverstande lassen. Gut ist's wohl, wenn alle, oben und unten, einerlei meinen, es geht aber vielleicht nicht immer an. Wir werden ja am Ende alle sehen, wer recht gehabt hat. Ich empfehle mich« – er winkte den andern und ging; diese folgten. – Sie sehen daran besser, als an allgemeinen Schilderungen, die Stimmung der Menge. Es verstehet sich, daß sie nur vom unmittelbaren Eindruck ausgehet, daß sie über den eigentlichen Zusammenhang der Dinge gar nicht unterrichtet ist. Wir andern sind das aber auch nicht; und der einzige Unterschied: wir wissen, daß wir nichts wissen. –

Napoleon war in der Stadt gar nicht verweilt, sondern sogleich hinaus zu den Seinen geritten. Kaum eine Viertelstunde weit zum Grimmaischen Tore hinaus, mithin Wolkwitz als Hauptpunkt im Auge, wählete er seinen Standpunkt auf offenem Felde und nahe an der Straße. Hieher ward ein kleiner Tisch aus einem Landhause gestellt, ein Stuhl dahinter, ein loderndes Wachfeuer daneben. Eine Karte, die man – es war rauhes, stürmisches Wetter – auf den Tisch genagelt, ein kleiner Tubus, meist in seiner Hand: das war Napoleons ganzer Apparat. Niemand war behindert, nach Gefallen so nahe zu treten, daß man nur nicht gerade ihm im Wege war. Als er hinausritt, sahe er finster, verschlossen, gewissermaßen starr aus; da nur aber erst die Kanonen mächtiger donnerten, öffnete sich gleichsam das verschlossene Gesicht: er ward gesprächig, beweglich; seine Miene blieb nur herrischernst, nicht mürrisch, und änderte sich nun auch im Laufe des lebhaften Gesprächs fast so wenig, als die Miene einer

Maske. Dies Feststehende, ich möchte sagen Gefrorne, zusammen mit dem Unruhigen, Hastigen, etwas Eckigen seiner Bewegungen, hatte etwas – soll ich's Über- oder Unmenschliches nennen? kurz, etwas, daß einem ganz unheimlich, fast grauenvoll dabei ward; und kann ich nicht bestimmen, inwieweit diese Empfindung unmittelbare Folge des Eindrucks oder inwieweit dieser erst von eigener Phantasie zugekocht sein mochte. Napoleon saß – auch wenn er die Karte befragte über einen Punkt, worauf er den Finger legte, sprach, schrieb usw. – nie länger als etwa zwei Minuten; dann richtete er sich hastig wieder empor und ging auf und nieder. Alexander Berthier war immer an seiner Seite. Mit kältestem Stolz und erdrückender Gleichgültigkeit behandelte er mehre der vornehmen Herren, die sonst und oft weit unerträglicher, als er, uns despotisierten und die nun in gänzlich resignierender Ehrfurcht etwas dumm dastanden. Adjutanten und auch andere Offiziere, ohne deren Abzeichen, flogen von allen Seiten unaufhörlich herbei, alle wurden direkt an ihn verwiesen. Er nahm ihre Papiere, lief sie blitzschnell durch, schrieb oder gab mündlich im Augenblick Antwort, die letzte meist gegen Berthier hin, der dann, wie es schien, seine kurze Entscheidung den Männern weiter auseinandersetzte; zuweilen winkte er auch diese nahe zu sich, fragte, fertigte ohne Zwischenredner ab usw. Sein Gang traf einigemal so, daß er Trupps Verwundeter, die zum Teil in jämmerlichem Zustande auf der Straße nach der Stadt gebracht wurden, ganz sicher erkennen mußte, er wendete weder den Schritt, noch den Blick um; die Sache war ihm völlig gleichgültig. – Dies alles und noch tausenderlei zusammengenommen, was sich nicht wohl in Worte fassen läßt, ohne, wie bei einer im einzelnen geschilderten, reichen Landschaft, das Gesamtbild, worauf allein es ankömmt, viel eher zu zerstören, als zu vollenden: dies, sag ich, bringt einem das Zauberische, Geisterbannende seiner persönlichen Nähe in den Sinn und erklärt so durchs Gefühl, wenngleich nicht durch den Begriff, wie zum Beispiel Männer, selbst wie Johannes Müller, der Herzog *** und andere, dadurch und nicht bloß für den Moment gleichsam erlagen; wie selbst eisernen Kernmenschen (denken Sie an *** in Rom, an *** in Schlesien) die Hand mit dem Gewehr gelähmt niedersank, als nun er, dem sie den Tod geschworen, ganz wie sie ersehnt, kam und ihnen bloß-stand. – Also, meine Herren und werten Freunde: wollt ihr die-sen Gewaltigen zum Teufel machen – es werden freilich wenige etwas dagegen haben, und vielleicht manche, die ihm nahe ste-hen, am wenigsten – so macht ihn nur nicht zu so einem arm-seligen, popanzigen Satanas, wie ihn eine dürftige, zage Phanta-sie ausmalt; zu einem Dinge, das am Ende nur aus Negationen zusammengeflickt ist, sondern erkennet ihn, mit dem Evangelio zu sprechen, als den ›Teufelobersten‹, den keines ›eurer Kinder‹ austreibt, sondern einzig ›Gottes Finger‹. – –

In der Nacht haben die französischen Heere in jener Gegend schrecklich gehauset. Entsetzliches Wetter, rauhe Stürme, unauf-hörlicher Regen usw. zwangen sie wohl zu vielem. Von Wolk-witz ging ein Teil in Feuer auf. Auch weiterhin war der Himmel am Abend glührot, hoffentlich aber nur von Wachfeuern. Von meiner zweiten Heimat im lieben, schönen Connewitz hab ich noch keine sichere Kunde. Boten hinaus sind für kein Geld zu haben, Boten herein gibt's nicht mehr, weil es überhaupt drau-ßen fast niemand mehr gibt, außer Soldaten. Alles ist in den Wald oder in die Stadt geflüchtet, ich selbst kann mich nicht aus-setzen, da ich nichts damit erreichte, was solch eines Wagstücks wert wäre. – –

So weit war ich (morgens gegen acht Uhr), da kam der er-wachsene Sohn meines Nachbars in Connewitz herein, Botschaft zu bringen. Mein ehrlicher Gärtner will draußen bleiben, wie es ihm auch gehe, seine Frau und Kinder sind herein. Greulich ist es draußen ergangen. An eine Ordnung ist gar nicht mehr zu denken; man lacht jeden Versuchs zum Zureden und mißhandelt bei jedem Widerstreben. Ich habe gegeben alles, was ich hatte und solange ich etwas schaffen konnte: Hunderte, von Unge-mach, Hunger, Todesfurcht, Todestrotz und oft vom Trunke wütiger Menschen zu befriedigen, ward endlich geradezu unmög-lich. Jetzt nahm man in Rache oder, was ich lieber glauben will, in allgemeinem, innerm Ingrimm, was man auch gar nicht brauchen konnte, oder zerstörte es, ohne irgendeinen Zweck, als diesen seinen Ingrimm auszulassen. Darunter gehörten leider auch ganze Reihen meiner sehr ausgewählten Bücher, die ich draußen hatte und schlechterdings nicht hereinschaffen konnte. Daß man im gedielten Saale des Pavillons im Garten ein Feuer machte, das nach allen Fenstern hinausschlug und das ganze Gebäude verzehrt hätte, wäre nicht ebendieser Trupp abgerufen und so die Glut vom Gärtner noch gedämpft worden – will ich lieber der dummen Roheit zuschreiben, die beim Drange des Bedürfnisses an gar nichts denkt, als wie dies aufs schnellste und bequemste gestillt werden kann. Dies alles geschahe nun aber unter den Augen des Obersten, der mit seinen Leuten vorn das Wohnhaus innenhat. Dieser ist kein Franzos, wie jene Feuersünder keine Franzosen sind, sondern Polen. ›Der Sklav, wenn er die Kette bricht!‹ Meinen ehrlichen Gärtner, weil er wenigstens löscht und dergleichen tut, haben sie nicht mehr anderswo als mit Lachen im Keller geduldet; da muß er selbst die Nacht zubringen. Hundertundfunfzig Pferde stehen im Garten oder vielmehr auf dem fast ganz verwüsteten Platz, der mein Garten war. Das Wohnhaus wird indes von den Offizieren leidlich erhalten. – Neulich wollt ich klug tun und verschaffte mir mit Müh und Kosten eine Sauvegarde; aber die meisten, die den Dienst taten, stahlen mit. Nun sagte ich sie ab, das half aber nicht; ich *muß* sie behalten, damit man die Bezahlung ziehet. Ja, man hat diese Wache ohne mein Wissen und Wollen von zwei auf sieben Mann erhöhet. – Eine Art Wahlspruch dieser Menschen, den die, welche deutsch sprechen, immerfort wiederholen, ist: Wir müssen sterben, aber ihr sollt mit! Noch einmal: ›Der Sklav, wenn er die Kette bricht‹ – – Außer diesen Einquartierten, denen ich nun freilich nichts mehr geben kann, habe ich im Hause meiner Frau stets zwischen 40 und 60 Mann zu versorgen, und in meiner Wohnung noch einen Kriegskommissär mit seiner Bedienung. Gestern bezahlte ich für die Einquartierten allein jenes Hauses für den einzigen Monat September 618 Taler. – –

Ich bin ausgegangen, etwas über die Lage der Stadt zu erfahren. Der Brotmangel nimmt überhand. 13 000 Kranke und

Verwundete sind zu versorgen; Napoleon selbst hat befohlen, man müsse noch für 15 000 Raum schaffen. Kommen diese, so steigt ihre Zahl fast zur Zahl sämtlicher Einwohner. Mir selbst und den Meinen fehlt es, dank sei der Fürsorge meiner Frau, nicht an Nahrungsmitteln; aber Brot würde ich schon gestern nicht mehr haben, hätten uns nicht Freunde unterstützt. – –

Doch genug! genug! Acht ich doch wahrlich dergleichen Dinge, die viele andere weit härter betroffen, bei weitem nicht für eigentliches Unheil, das mehr als Verdruß und Sorge das Herzeleid erregen dürfte. Bleibt mir und den Meinen das Leben, so wird uns auch bleiben, was dies wahrhaftig bedarf; und meine Frau besitzt Geist und Charakter genug, sich mit mir, muß es sein, auf solchen Bedarf einzuschränken, ohne darum eben unglücklich zu sein; aber so vieles, was ich sonst sehe und erfahre – große Masse Menschen in so tiefer Verworfenheit; dann, was gewisse andere an uns getan oder zugelassen, mit denen ich, mit denen noch mehr meine Frau das Brot brach; was manche der Männer schaffen, die nicht nur als reich und angesehen, sondern auch als geistig gebildet und von Einfluß bekannt sind – wie sie, die sonst vor Großtun und Prahlen sich kaum zu lassen wußten, nun plötzlich zum Erbarmen kleintun und winseln, um nur sich und ihre Säckel zu retten, die Lasten, soweit als irgend möglich und durch alle Mittel und Wege andern zuzuwälzen: dies, mein Freund, und vielfältiges Verwandte hat mich unersetzlicher und schmerzlicher beraubt, als jenes Gesindel; denn es hat mir das Herz gebrochen, hat das allgemeine Wohlwollen, die allgemeine, rücksichtslose Liebe, die allgemeine, reinmenschliche Achtung – und weiß ich denn, ob nicht auf immer? – in meiner Seele erstickt! Und wäre das auf immer: was kann denn da in einem Herzen, das in Kälte, Härte, Egoismus, Stolz, Eigennutz, und wie die Gegensätze der Liebe weiter heißen, nicht leben kann – was kann in ihm die schwarz aufklaffende Lücke, die eisaushauchende Leere ausfüllen? Wird dies mein Los: warum bin ich nicht vor diesem Verlust gestorben? Dieser Klagen schäme ich mich nicht, wenn auch jener, die freilich die Schwäche eingibt. Ich schreibe sie nieder, da ich sie los sein muß, die Meinen damit nicht beugen darf, von andern nicht verstanden oder für überspannt, töricht und phantastisch gehalten werden würde ...

Da bricht die Sonne hindurch und strahlt heiter und glänzend in meine schöne Wohnung. Reines Sonnenlicht, heute siehest du wohl noch kein neuvergoßnes Menschenblut, wenn auch unzählige Tränen! Scheine, scheine; und strahle in jedes Herz, das noch dafür empfänglich ist, Trost und Hoffnung! Du, mächtige Führerin des Tags, gehest ruhig und unverrückt deine Bahn; ja, du bist weit entfernt von dieser blutgedüngten, schmerz- und lastervollen Erde! Wir aber wandeln auf dieser und können jetzt nur die Augen, nicht die Seelen zu dir erheben! Du bist groß, du wirst bleiben; wir sind klein, wir werden vergehen; und was unter uns groß sein mag, will es jetzt nur sein im Schrecken, zum Verderben! O so laß wenigstens, bei Verzichten auf Erdengröße, einen reinen Sinn und Willen nicht ersterben, damit es nicht gebreche, wird dereinst auch wieder die freie, edle Tat verstattet! – Ach, flammende Sonne, da hat sich ja doch die Seele und nicht bloß das Auge zu dir erhoben! ...

Herrgott, was beginnet – ! –

Abends.

Es war gegen neun Uhr, als ich mit eins durch einen gräßlichen Kanonendonner von mehren Seiten, besonders dem Klange nach von der südlichen, und durch ein Geschrei auf der Straße aufgeschreckt ward, das Folge ähnlichen Schreckens bei andern war. Von der Geschichte dieses qualvollen, höchst blutigen Tages will ich Ihnen nur das wenige und auch dies nur in flüchtigen Umrissen hinzeichnen, was mir selbst aus unmittelbarer Beobachtung, zum Beispiel des Halls des Geschützes, des Zuges der uns nächsten Teile der Heere und dergleichen zugekommen ist. Noch verlautet nichts über den Zusammenhang und Erfolg im ganzen. Ehe Sie dies empfangen, werden Sie freilich längst umfassendere, bestimmtere, aber auch lügenhafte Berichte gelesen haben. Betrachten Sie den meinigen wenigstens als Beweis meines Andenkens auch in diesem Drange. Zur Erklärung des Örtlichen dienet Ihnen jede Spezialkarte.

Die Kanonade begann zuerst wieder heftig von den Anhöhen bei Wolkwitz (Liebertwolkwitz) und krachte so schrecklich herein, als sei sie unmittelbar vor den Toren, weil eben einiger Luftzug von dorther kam; wohl auch, weil wegen der Stille dieses Morgens unsre Gehörwerkzeuge noch nicht einen ungewöhnlichen Grad der Spannung erhalten hatten. (Als dies in der Folge der Fall ward, waren selbst nahe, große Batterien recht wohl zu ertragen; und das Feuer des kleinen Gewehrs klang fast, als machten's Knaben mit Schlüsselbüchsen. Die Bemerkung ist die alltäglichste von der Welt, und dennoch, wie viel läßt sich aus ihrer Anwendung schließen auf Effekte vermittelst äußerer Sinne – auch in den Künsten!) Vom Boden des hohen **schen Hauses konnte ich die Stellungen und Bewegungen der Heere dorthinaus sehr gut beobachten. Die Franzosen hatten die Anhöhen um Wolkwitz und gegen Wachau hin, offenbar die vorteilhafteste Position von dieser Seite, noch ganz innen. Sie von da zu vertreiben, war vielleicht neulich in dem großen Gefecht der Hauptzweck der Verbündeten, sie zu behaupten, der der Franzosen. Die Kanonade nicht nur, sondern auch die Bewegungen der Heerhaufen verblieben da und bildeten sich nur weiter aus, nach Meisdorf, Probstheyde, Wachau, bis gegen Connewitz. Infanterie schien noch wenig zum Angriff zu kommen, desto häufiger und gewaltsamer waren die Anläufe der Kavallerie. Murat führte sie an in Person; man vermutete aber auch den Kaiser dort. Ohngeachtet der wogenden Bewegungen einzelner Haufen, stand das Ganze beider Parteien fest bis nach zehn Uhr; da dehnte sich die Linie, direkt an der Bornaischen Straße, weiter, allmählich immer weiter zurück –: wie bebte mir das Herz hinter meinem guten Fernrohr! Und jetzt, jetzt zeigt sich sogar eine von französischer Kavallerie durchbrochene Lücke, deren beide zurückgedrängte Enden bedeutendes Getümmel verraten! Ein vornehmer französischer Offizier am Nebenfenster stößt einen Freudenruf aus und eilt fort, die Treppe hinab; ein badenscher Oberstleutnant meiner Bekanntschaft neben mir blickt mich bedeutend an und will in den Zurückweichenden und Getrennten Russen erkennen, ich weiß jetzt nicht mehr, ob durch sein bewaffnetes Auge oder aus seiner Kenntnis der Stellungen. Mehre Anwesende, Herren und Frauen, hielten sich nicht und brachen in laute Klagen aus; einige der ersten aber auch in Bemerkungen, worüber ich ihnen gern zu Leibe gegangen wäre: »Na, hab ich's nicht gesagt? es wird wieder das alte Lied!« Sie ließen sich gefallen, ferner in dem Folterbett langsam ausgerenkt zu werden, wenn diesem nur die eleganten, blutrotseidenen Vorhänge nicht fehlen und oben der in Feuer vergoldete Adler, der mit seinen Fängen diese zusammenhält! – Jetzt sahen wir in Bogen einen gedrängten Reitertrupp pfeilschnell angeflogen kommen und jene durchbrechenden Franzosen fassen. »Das sind Preußen!« zischelte mein Oberstleutnant, »wahrscheinlich Kleist!« Das Gemenge dauerte nicht lange; die Franzosen zogen in Ordnung und geschlossen auf ihre Linie; das Gemetzel (nun auch der Infanterie) ward vornehmlich um Wachau so heftig und gedrängt, daß man nichts mehr erkennen konnte, jene Lücke füllte sich wieder aus; ich eilte zu den Meinen. – –

Indes war nämlich von entgegengesetzter Seite, mithin in der Gegend, wohin die Zimmer unsrer Wohnung (nach der Promenade) sehen, um Leutzsch, Schönau bis gegen Schocher und in dieser Breite weiter hinaus, die Kanonade fürchterlich losgebrochen, so daß ich kein unzersplittertes Fenster in meinen hintern Zimmern zu finden hoffte und den geängsteten Lieben mich nicht länger entziehen zu dürfen glaubte. Der Hall schien zu verraten, die Verbündeten besäßen hier mehr und auch gröberes Geschütz, als die Franzosen. Es kämpften aber hier vornehmlich Österreicher, später zugleich Preußen – soviel ich nämlich bis jetzt habe abnehmen können. Indem die Kanonade auf mehren festen Punkten fortdauerte, entwickelte sich, und mehr in die Breite, gegen eilf Uhr auch das Kleingewehrfeuer. Jene ließ nun freilich hin und wieder nach, als dies weiter um sich griff und zwar – die Linie von meinen Fenstern aus gedacht – nach links zu in der Richtung über Lindenau hinaus, und dann herüber bis gegen das Schochersche und Connewitzer Gehölz, in welchem auf der durchführenden Straße an den abgeworfenen Brücken (wie der Rest der Landleute, die hereinflohen, berichtete) auch österreichische Infanterie stritt und russische Kosaken schwärmten. Der Hauptpunkt schien aber doch gegen Wachau hin zu sein. Ohne einen Augenblick Unterbrechung hallete das Geschütz aller Art herüber und in derselben Richtung. Doch schien es Napoleon, wenigstens nach der Stärke und Beschaffenheit der dorthinaus ziehenden Truppen, heute vor allem auf den Punkt bei Wachau abgesehen zu haben. Um die Mittagsstunde wendete sich langsam das Hauptfeuer mehr gegen Gossa hin, und zugleich gegen Möckern näher der Stadt zu. Hier schienen also die Franzosen offenbar zu weichen, und unsre Hoffnung hob die Schwingen. Indem sehen wir Napoleon mit großem, glänzendem Gefolge, Murat und Poniatowski unmittelbar an seinen Seiten – er, in den unscheinbarsten Überrock eingeknöpft, den verbrauchten Hut vom Regen der letzten Tage übel genug entformt; Murat in glänzendem Schmuck; Poniatowski schön ritterlich gekleidet – vor unsern Fenstern nach dem Peterstor sprengen. Wo er bisher gewesen, hatte ich nicht erfahren können; daß er den Weichenden von jener Seite her zueile, mußte einem sogleich einfallen. Noch um ein kleines war das Feuer in jener Richtung gewichen; kaum aber konnte er bei den Seinen dort eingetroffen sein, so tobete das Geschütz aller Art ärger, als je vorhin. Wie er so schnell, mithin so ungehindert und direkt dorthin gelangen können; ob die Verbindung zwischen jenem und dem Hauptkorps, das die Gegend zum Peterstor hinaus innehatte, des freilich höchst ungünstigen Terrains wegen (kleine Gehölze und Gewässer, versumpfte Wiesen usw.) nicht eng genug geschlossen oder zu schwach war, oder was sonst: das mögen andere wissen. – Mit gleicher Hitze und Gewalt dauerte das Feuer auf diesem Punkte – ohne daß es darum auf irgendeinem anderen schwieg – etwa eine Stunde fort: da lenkte sich der Hauptpunkt sehr langsam wieder zurück und dehnte sich zugleich weit mehr in die Breite, weiter hinaus. Wie auch alles Gefühl sich dagegen sträubte, ich mußte mir sagen: hier wendet sich's zum Vorteil eurer Unterdrücker! – Von gegen zwei Uhr an sahe ich vor meinen Fenstern an der Promenade hin fünf oder sechs Regimenter frischer Truppen im Eilmarsch und vollkommener Ordnung vorüber nach dem Ranstädter Tore zu und dann auf die Lindenauer Chaussee hinmarschieren. Diese sollten wohl die langsam zurückweichenden Alliierten entweder durchbrechen oder von der Seite und im Rücken fassen, während Napoleon unaufhörlich von entgegengesetzter Seite auf sie drängte. Gegen drei Uhr mochten diese zum Gefecht gekommen sein – man konnte sie auf der Zinne meines Wohnhauses ziemlich genau verfolgen; aber auch ein großes Korps frischer – ich weiß nicht welcher verbündeten Truppen schien von Lützen her angerückt zu sein, und zwar mit viel Reiterei und auch – das gab der Klang – mit gewaltiger Artillerie. Nun ward das Feuer gräßlich. Da indes das Zentrum vielleicht durchbrochen, vielleicht sonst in Unordnung gebracht, sicher wenigstens zurückgedrängt war, so flogen Adjutanten und Eilboten aller Art herein nach der Stadt, schrien unaufhörlich die Siegespost aus mit dem Lebehoch ihres Kaisers, eilten zu allen Behörden – der eine mit gewissem Glanze zu unserm König; alles, was Franzos war oder schien, schrie sie nach, diese Siegespost und dies Lebehoch; von allen Kirchtürmen mußten die Glocken ertönen; was nicht Franzos ist oder scheinen wollte, stürzte von den Straßen weg, die Türen zuwerfend, um seine Gefühle unbelauert ausströmen zu lassen; für die auf dem Markte zusammentretenden Soldaten ward Wein herbeigeschafft, ihr Siegs- und Huldigungsgeschrei hallete durchdringender ...[1]

Dieser Moment war nicht nur unter allen in den letzten Monaten erlebten der schrecklichste für mich, sondern selbst in seiner Gattung eine für mich an mir selbst gemachte neue Erfah-

---

[1]. Einige, in jenen Momenten allerdings schauerlich wirkende und das Ganze des Bildes traurig vollendende Züge streiche ich jetzt weg, um lieber hier etwas Mangelhaftes, als etwas zu geben, das für einen aufgedrungenen, längst vorübergegangenen Irrtum unseliger Stunde eine erneuete, mißwollende Nachwirkung aufregen könnte. [Die Handschrift, in der diese Anekdoten enthalten sein müssen, ist mit dem übrigen handschriftlichen Nachlaß von Rochlitz verschollen.]

rung. Die Exaltation und gewaltsame auf einen Punkt gerichtete Spannung aller Geisteskräfte konnte vielleicht allein mich dazu fähig machen; und wenn es dem Menschen verliehen ist, ein Glück ebenso zu empfinden, wie ich jetzt das Unglück empfand, so gibt es für ihn eine Seligkeit, die ich noch gar nicht kenne. – Seit die Verbündeten zu weichen schienen, war es, als ob alle meine Lebensgeister wie durch Erdbeben von unten aufgewühlte Ströme über ihre Ufer hinausstiegen – nicht in Furcht, nicht in Zorn, nicht in Erbitterung, sondern in einem neuen, noch unbenannten geistigen Erzeugnis aus diesen Bestandteilen, das beim höchstgesteigerten Affekt vollkommen klares Bewußtsein frei walten ließ. Ich blieb in meiner Wohnstube; mit gespanntester Aufmerksamkeit folgte ich erst dem Halle des Feuerns; da aber das Weichen überhandnahm und schneller ging, preßte ich den Kopf an den Fensterstock, und die Aufmerksamkeit auf das einzelne jener Erscheinungen verlor sich in ein Anstaunen des Bildes vom jetzigen Moment, und zugleich von allem, woran ich dabei zu denken Stoff hatte. Vor mir lag in scharfen Umrissen, zusammengedrängt und in einer Klarheit und Präzision, wie niemals, was das deutsche Vaterland in seiner zeitherigen Entwürdigung gelitten, was es jetzt gehofft, getan, geopfert hatte, was es, wenn nun dies, das Letzte, umsonst sei, mit Wahrscheinlichkeit leiden, was es werden müsse – wobei mir am greulichsten erschien, was der Anblick des überall siegenden Bösen wirken werde; und indem mein Herz davon durchdrungen ward, daß ich kaum Atem schöpfen konnte, trat es, wie gesagt, zugleich vor meine Phantasie, wörtlich genommen, in so bestimmten Gestalten und Szenen, daß ich hätte glauben müssen, es als Erscheinung vor meinem leiblichen Auge zu haben, wäre mir nicht dabei das lichteste Bewußtsein geblieben. – Indes waren Frau und Kinder mit Fernröhren auf dem obersten Boden des Hauses verweilt, sie wollten die Überzeugung erzwingen, man irre sich. Und eben jetzt, wo ich in jene Bilder gänzlich verloren stehe, dröhnt das Vive l'Empereur! auch zu ihnen hinauf, die Glocken fangen den Siegeston an – da fliegen sie die Treppe herab zu mir, und laut weinend, mich krampfhaft umklammernd, ruft meine Henriette: »So ist auch das und alles vorbei!« Ein Gefühl innern Grimmes, das meinen ganzen Körper durchschüttelte und mir Tränen auspreßte, stemmte mich, daß ich sie, die Sinkende, festhielt; reizte mich aber auch zu dem schonunglosen Ausruf – den ich freilich erst hernach von ihr selbst erfuhr: »Laß uns sterben! ein Leben, wie es uns nun erwartet, ist ohne Wert und kann auch uns nur verschlechtern!« – Da traten die Kinder, Georg laut weinend, Wilhelmine verstört und wie erstarrend, an uns heran; wir zogen sie in unsre Umarmung. Was nun gesprochen ward, was wir empfanden und taten, das – auf eine feine Weile wissen wir's nun alle nicht. Überhaupt fanden wir erst nachher uns gleichsam selbst wieder und dann wenigstens soweit in Liebe erleichtert, daß wir von neuem, wenn auch nicht an uns, doch an den weiteren Gang der Ereignisse denken konnten; und als nur erst die heute so schrecklichen Glocken schwiegen, erreichten wir auch unsre Fassung wieder. –

Auf dem Punkt über Lindenau rechts und nach Möckern hin hatte sich indes das Gefecht viel heftiger entsponnen und dauerte mit immer gleicher Heftigkeit, auch ohne im mindesten vor- oder rückwärts oder auch nur zur Seite und in die Breite hinaus zu weichen, ununterbrochen fort, selbst als der Abend schon angebrochen war. Als das Dunkel sich verbreitete, minderte sich zwar die Kanonade, aber das Kleingewehrfeuer hallete noch gegen sieben Uhr herüber. Dieser Punkt war also fest behauptet von den Verbündeten; ob die Stellung nach entgegengesetzter Gegend (bei Wolkwitz, Wachau usw.) wiedererrungen war, das wissen wir nicht.

Was endlich in der Gegend vor dem Halleschen Tor geschehen (von Halle herüber bis gegen Düben usw.), davon weiß ich gar nichts, da es außer meinem Gesichts- und Gehörskreise liegt und ich an genaues Erkundigen nicht habe kommen können. Nur das höre ich: es ist auch da den ganzen Tag gefochten worden und mit bedeutendem Glück für die Verbündeten, von denen Streifkorps selbst bis nahe gegen die Stadt gedrungen sein sollen. Dort stehen vornehmlich Preußen; und zwar – so sagte mir wenigstens jener Oberstleutnant – befehligt sie Blücher, an den sich der Kronprinz von Schweden anschließe. Selbst mein Herr Kriegskommissär meinte, dorthinaus und bei Möckern habe man noch nicht so entschieden gesiegt, als nach Wachau hin; aber morgen werde sein großer Kaiser auch dort sein Glück forcieren und dann seinen Schutz ringsum über uns verbreiten. »Schlafen Sie ruhig«, setzte er hinzu; »noch einige Tage Beschwerden, und die glänzendste Zukunft tut sich vor Ihnen auf – je vous assure.« –

Und so bietet das Ganze – soweit nämlich meine blöden Augen reichen – noch kein Resultat, außer der Bestätigung, daß es mit den Verbündeten wahrlich nicht mehr ›das alte Lied‹ ist; daß aber auch von der Gegenpartei, besonders wo Napoleon selbst ist, alle, alle Kräfte für ihn aufgeboten werden; daß aber, um auch nur irgendeine Entscheidung zu erreichen, noch viel mehr und auf allen Punkten rund um die Stadt gekämpft werden, noch das Blut vieler Tausende fließen muß. –

Gegen Abend brachte man den tapfern Latour-Maubourg herein, ein Fuß war ihm, vom Schenkel an, weggerissen. Mehre ebenfalls bedeutende Generale wurden auch schwer verwundet hereingetragen. Jetzt, eilf Uhr zur Nacht, sehe ich aus meinen Fenstern, soweit das Auge in der Umgegend trägt, Ketten hochlodernder Wachfeuer; und von der Chaussee herüber rasseln dumpf langsam fahrende Wagen, die in ununterbrochener Reihe Verwundete nach der Stadt führen.

Den 17., vormittags 9 Uhr.

Ich habe fast keine Stunde geschlafen. Jene Fuhren dauerten und dauern noch ununterbrochen fort. Zwischen ihrem dumpfen Rollen hallete oft von der Straße herüber das Geschrei der Wagenführer, der Hülfesuchenden und dergleichen mehr, das in der übrigens stillen Nacht um so schauerlicher wirkte. – In der ganzen Stadt ist jetzt um keinen Preis Brot zu kaufen. Alle Bäcker haben verdoppelte Wachen, damit auch nicht ein Stück, sowie es heiß aus dem Ofen kömmt, den Behörden entgehe. – Man hat seit gestern Abend unaufhörlich mit Verbinden und Unterbringen der Verwundeten sich abgearbeitet, und noch immer liegen nicht wenige am Markte und in den angrenzenden Straßen unversorgt auf den Steinen, so daß an mehren Stellen man, ganz wörtlich genommen, durch Blut schreitet. Wer die ungeheuere Kluft zwischen dem französischen Charakter, wie er teils von Haus aus, teils durch Gewöhnung seit der Revolution ist, und zwischen deutschem nicht schon kennete und kennen lernen wollte, der könnte gewissermaßen dazu kommen, wenn er auch nur die Ärzte und Chirurgen beider Nationen in der Tätigkeit beobachtete, wozu sie jetzt aufgerufen sind. Selbst die Unglücklichen, die eben um Beistand wimmerten, verstummen zitternd und verhehlen nicht selten ihre brennenden Wunden, kömmt einer ihrer Landsleute in ihre Nähe, bis ein Deutscher nahet, den sie anflehen können. Die gröblichste und doch hoffärtige Unwissenheit, die kalte Härte, das leere Prahlen, Lärmen, Herumfahren und Schwatzen, die rücksichtlose Behandlung aller über einen und den allergemeinsten Leisten, bei nicht leicht vergessenen Rücksichten auf höchsteigene Persönlichkeit bis auf die nicht zu beschmutzende Kleidung und dergleichen unter vier Fünfteilen von jenen; und dagegen der sichere Blick und das passende, zweckmäßige Verfahren für den einzelnen Mann, den einzelnen Fall, die ruhige Fassung, das Wohlwollende, möglichst Schonende, Freundliche gegen den Leidenden, wer er auch sei, die unermüdliche, an alles Persönliche nicht einen Augenblick denkende Tätigkeit bei unsern ausgezeichnetern Ärzten und Chirurgen; sowie das Nacheifern der vielen jungen Männer, die sich an diese schließen, von ihnen geleitet werden und nun wieder den gemeinern Gehülfen als Vorbilder und Anführer dienen – ich leugne nicht: dies unmittelbar nebeneinander und zugleich wirksam zu sehen, macht es schwer, dort keine gehässigen, hier keine stolzen Regungen überquellen und den gesamten Eindruck in der Überzeugung sich auflösen zu lassen: es ist nicht möglich, daß jene Nation fortwährend die Beherrscherin, Lenkerin und Verderberin dieser bleiben kann; ein moralischer Weltenregierer kann das nicht wollen. – –

Unter den Verwundeten bemerkt man ungewöhnlich viele und, zum Beweis ihrer Tapferkeit, schwergetroffene Offiziere; im ganzen aber (freilich verhältnismäßig) weit mehr Deutsche als Franzosen, woraus denn hervorgeht, daß diese jenen nach ihrer Weise wahrlich nichts geschenkt haben. Der Verlust an Toten und Verwundeten soll ohngefähr 20000 Mann betragen, bei den Alliierten aber ungleich größer sein. So sagen nämlich Franzosen; von andern Nachrichten wird kein Wort hereingelassen. Gleichwohl verlautet auch nichts Öffentliches über den gestern so feierlich verkündigten Sieg; die eifrige Lesewelt an den Straßenecken sucht vergebens nach einem Anschlag, an welchem man es doch sonst beim geringsten, ganz oder halb oder zum Vierteil gegründeten Anlaß nicht fehlen läßt. Von Gefangenen sind nur einige kleine Trupps von 50 bis 60 Mann eingebracht worden. Mein Herr Kommissär versichert zwar, es seien deren unendlich viele eingebracht – »Wohin?« – »Nicht in die Stadt; aus Fürsorge unsrer Verwaltung, um sie nicht ernähren zu müssen.« – »Auf den nahen Dörfern ist aber gar nichts mehr, selbst für die Ihrigen?« – »Eh bien; sie sind gebracht – anderswohin. Sein Sie ganz unbesorgt!« – –

Bis jetzt hörte ich, außer Plänkereien der Vorposten von früh sechs Uhr an, kein Feuern. Alle weitern Nachrichten sind nur Gerüchte. Die Verbündeten sollen in der mir vor Augen liegenden Gegend (gegen Lindenau, Schönau, Schocher usw., mithin meistens Österreicher) in der Nacht vom Schlachtfeld zurückgegangen sein und einige Stunden weiter hinaus eine Position genommen haben usw. – In Lindenau, in Connewitz usw. ging mehrmals Feuer auf, obgleich im letzten Dorfe selbst nicht eigentlich gefochten ward. Da niemand zum Löschen da war und, fanden sich auch noch einzelne Menschen, durchaus keine Pferde oder anderes Zugvieh, so kann leicht durch bloße Lässigkeit nach Nahrung suchender oder durch die Unbeholfenheit trunkener Soldaten bedeutendes Unglück entstanden sein. Freilich spricht alles von vorsätzlichem Zünden aus Erbitterung, aus Haß und dergleichen, ich kann und will daran aber nicht glauben, bis ich muß. – – Eben erfuhr ich: auf dem Gute des Herrn Dr. Hillig, dessen Garten von dem meinen nur um einige Schritte getrennt ist, sind einige Nebengebäude niedergebrannt, und mein und des Nachbars Haus war dadurch erhalten worden, daß die Luft still war und die Flamme geradauf stieg. Das schöne und auch das größte Gut in Connewitz, das die Witwe Carl besitzt – (es ist dies der ehemals und wohl noch zu Ihrer Zeit in Leipzig berühmte Wenzelsche Landsitz, dem gesellschaftlichen Vergnügen der feinsten damaligen Leipziger Welt gewidmet) – dies ist leider mit allen Wirtschafts- und andern Gebäuden bis auf die Grundmauern aus- und niedergebrannt.

Abends.

Der Zustand der Stadt ist schrecklich. Seit die gestrige Schlacht – wo nicht entschieden, doch beendet war, weiß niemand, die ausgenommen, die es wissen sollen, wo der Kaiser ist. Der Greuel auf den Straßen übersteigt fast allen Begriff; und die Barbarei, womit die Elenden, die noch umherliegen, von ihren französischen Kameraden behandelt werden, noch jenen Greuel. Ich habe Szenen gesehen, für die ich sonst jeden, der sie erzählt hätte, aus Menschengefühl der Täuschung oder Täuscherei ins Gesicht hätte bezichtigen müssen. Über die Stadt selbst ist bis morgen mittag zwölf Uhr eine Konvention geschlossen worden. Wenigstens sagt man dies; und die Preußen und Kosaken, die vor dem Halleschen Tore bis an Pfaffendorf plänkern, dringen nicht ein. Es sind aber doch etwa zwölf Granaten hereingeworfen worden, die alle mehr oder weniger Schaden angerichtet haben. Von schwerem Geschütz sind auch einzelne Kugeln hereingeflogen, wobei man freilich nicht begreift, wie Plänker zu so schwerem Geschütz kommen. – Jede Familie, arm oder reich, hat bei angedroheter härtester Strafe schnell abliefern müssen, was eine Armee brauchen kann und jedermann nur für den Augenblick zu entbehren vermag: Betten, Küchengeräte, Mundvorrat, Äxte, Spaten und dergleichen. Alles, was dazu fähig ist, muß hinaus, um zu schanzen. Die Tore und Straßen der Vorstädte, selbst mehre einzelne Häuser der letztern, werden gewissermaßen befestigt und vom Militär allein besetzt. Sie sollen bis zum letzten Mann verteidigt werden. Die Not, die Angst und das Jammern vieler, besonders armer Vorstädter, die ihr Eigentum preisgeben müssen und mit sich und ihrer tragbaren Habe oft nicht wissen, wo unterkommen, ist herzzerreißend. – – Die verbündeten Korps in der Gegend von Wolkwitz behaupten ihre Stellung; die über Lindenau, Schönau usw. haben wirklich eine neue Position in derselben Gegend, wie gestern, nur etwa zwei Stunden entfernter, genommen. – Indessen war gegen eilf Uhr vormittags ein großes französisches Korps den Verbündeten – hier vornehmlich Russen – nach, gegen Grimma hin gezogen. Man hörte unaufhörlich, doch ziemlich entfernt, das Geschütz. Mein Herr Kommissär hatte auch dahin gemußt. Jetzt, abends spät, kömmt er zurück und sagt: »Wir haben dort einen großen und harten Kampf gehabt, aber gesiegt. Haufenweise liegen weit und breit Tote und Verwundete umher. Morgen ein frohes Ende.« Unser König, der vom Kronprinzen von Schweden einen Parlamentär erhalten, hat ihm die Stadt zu möglichster Verschonung empfohlen, aber auch beschlossen, sie schlechterdings nicht zu verlassen. Soll und muß nun einmal bleiben, was ist – und wie könnte das bis jetzt auch anders, so segne ihn Gott für diesen Entschluß. – Napoleon soll diesen Vormittag von den verbündeten Fürsten – zunächst vom Kaiser Franz – freien Abzug seines Heeres verlangt haben und dieser ihm auch zugestanden worden sein, wenn er zuvor Wittenberg und Torgau räumte usw. Das habe er nicht gewollt, und so sei die Unterhandlung abgebrochen. Welch ein Tag wird uns morgen bevorstehn! – Ich sehne mich nach Schlaf und brauch ihn wahrlich! Ein gutes Mittel, den bei ermattetem Körper lebendig angeregten Geist zu beschwichtigen, sind allgemeine Bemerkungen. Ich will mich an einigen, zu denen mich der heutge Tag führete, in den Schlummer zu schreiben versuchen.

Wie wunderbar mischt sich in vielen bedeutenden Frauen matte Resignation und lächerliche Zaghaftigkeit bei kleinen Unfällen, mit edler Fassung und selbst heroisch ruhiger Tat bei großen! Der Vorfall, der zunächst und von neuem mir dies vors Auge führte – was freilich andern Leuten auch unzähligemal geschehen sein mag – läßt sich nicht gut erzählen, weil er zu vielerlei

Nebendinge berühret; statt dessen einige verwandte aus diesen Tagen, die sich enger abrunden! Eine junge Frau, die ich kenne – zart organisiert, fein, zierlich und scheu in ihrem ganzen Wesen, hört, wie alle Bewohner ihres Hauses, eine der hereingeworfenen Granaten an diesem Morgen durch das Dach brechen; aber dann ist's still. Die Granate ist nicht gesprungen, sagt sie und sagt jeder; wer wagt's hinaufzugehen und Unglück abzuwenden? Niemand wagt's, sondern man bringt Geschichten, daß die Teufelsdinger oft erst nach langer Weile sich auf ihre Bosheit besännen usw. Der Mann ist in Geschäften abwesend; augenblicklich rafft sie eine wollene Decke auf, taucht sie in Wasser, eilt hinauf, ohne daß ein Mensch ihr folgt, breitet sie vielfach um die Granate, kommt herunter und sagt ruhig: »Jetzt haben wir das Unsre getan, nun wird Gott das Seine tun.« (Die Granate sprang nicht.) – Eine andere, vorzüglich ausgebildete, nicht mehr junge, aber noch sehr hübsche Frau, die vor einer Raupe bebt, vor einer Maus alle Fassung verliert und, fällt ein Kind aufs Näschen, Nervenübel bekömmt, hat einen General im Quartier, der als einer der übermütigsten Quäler schon vorher übelberüchtigt und, weil er nirgends befriedigt werden und viel schaden konnte, in fünf Tagen dreimal anders untergebracht worden war. Sie weiß das, die Behörde bittet sie, alles mögliche zu tun; sie tut's, der General findet dennoch alles schlecht, und immerfort wachsen seine Forderungen. Er bedient sich bei seinem Quälen meist eines Adjutanten als eines Vollstreckers; denn er selbst ist zu stolz, seinen Wirten das Wort zu gönnen. Dieser, ein junger Mensch, kopiert seinen Gebieter, kopiert ihn in der ärgsten Übertreibung und, da ihm dessen innerer Gehalt und äußere Sitte abgeht, aufs unausstehlichste. Je mehr geschieht, je mehr soll geschehen; Vorstellungen werden mit Spott, Weigerungen mit Drohungen und neuersonnenen Neckereien erwidert; endlich kömmt der junge Herr mit einer neuen, geradezu tollen Forderung, wird bei vernünftigem Widerstreben äußerst impertinent, und Madam, blitzschnell, gibt ihm eine tüchtige Ohrfeige. Mit einem Schrei der Wut greift der Herr nach dem Säbel. »Tun Sie, was Sie wollen«, spricht Madam;

»aber das schwör ich Ihnen heilig: sind Sie still und künftig bescheiden, so erfährt kein Mensch, selbst mein Mann nicht, was hier vorgefallen, solange Sie hier sind und es Ihnen schaden könnte; sonst aber ruf ich allen zu: dieser Offizier hat Ohrfeigen von einem Weibe verdient und bekommen; dann sehen Sie zu, wie Sie mit Ihrer Ehre und im Dienst auskommen!« – Drohend eilte er fort, ward aber still, ward bescheiden, die Frau hielt zwei Tage Wort – selbst ihr Mann bekam keine Ahnung vom Vorgefallenen; dann rückte General und Adjutant aus; nun erst vertraute sie sich ihrem Manne, und der konnte nicht lassen, zumal da der versprochene Termin erfüllet war, die Freude über seine sonst so sanfte, nachgiebige Gattin einigen andern mitzuteilen. – –

Zweitens: Die Geistlosigkeit gemeiner und die Herzlosigkeit vieler weltfeinen Leute zeigt sich kaum je stärker, als wenn sie Leidende mit Trostworten antreten. Hierzu will ich mir und Ihnen die Belege ersparen.

Drittens: *Einen* Segen gewohnter Arbeitsamkeit sollten wir mehr beachten und höher halten, als wir zu tun pflegen: bei dem Fürchten, Sorgen, Treiben, Eifern, Necken, Leiden in mir und um mich finde ich schlechterdings nichts, wodurch ich mich von Zeit zu Zeit zusammensetzen, in Ordnung und Ruhe bringen, stärken und erheitern kann, als zuweilen eine Stunde Arbeiten – recht eigentliches Arbeiten – und zwar, wie eben ich es nun gewohnt bin, ein solches, wo man alles aus sich und einer eingebildeten Welt schöpft, im Geiste ausbildet und nach Kräften es rund und fertig hinstellt. Nach dem Schmerzensgange diesen Vormittag zum Beispiel, wo ich mich tüchtig zusammengeworfen fühlte, hab ich unter fernem Kanonenhall und manchem unabwendbaren, widrig störenden Überlaufen einen, Gott gebe, prophetischen und, soviel ich weiß, nicht eben verwerflichen ›Traum‹ und an ihm mich selbst heiter, gefaßt und ruhig geschrieben.[1] Uns, mein Freund, gewöhnten in frühen Jahren Armut und

---

1. Er wurde einige Monate später gedruckt und fängt den 16. Jahrgang der ›Allgemeinen musikalischen Zeitung‹ an. [Er ist auch in den spätern Abdruck dieses Tagebuchs in den ›Neuen Erzählungen‹ enthalten.]

Zwang an Arbeitsamkeit: lassen Sie uns unsre Kinder, die nicht in solchem Twing stecken, ebenso unausweichbar durch andere Motive gewöhnen; damit sie, alles andere unerwähnt, dereinst auch dieses Segens fähig und teilhaftig werden. – –

Doch ich sehe wohl, mein narkotisches Mittel will nicht anschlagen, so muß ich ein alltägliches versuchen. Gute Nacht! –

Den 18., vormittags nach 11 Uhr.
Die ganze Nacht hindurch zogen Geschütz, Wagen und Regimenter vor unsern Fenstern an der Promenade vorüber, und zwar nach der Gegend des Ranstädter Tores hin. Da ließ sich's freilich nicht schlafen. Mit Tagesanbruch hörte man die Kanonade, welche jene Züge zu decken oder zu hindern schien. Dann begann sie von der Gegend des Halleschen Tores her, näher und stärker, immer stärker, endlich fürchterlich stark. Und nun erhob sie sich in ähnlicher Weise nach allen Seiten hin, rund um die Stadt. Ney und Marmont sind vorgestern – selbst Franzosen widersprechen nicht geradehin – von Düben her vornehmlich durch Preußen und Schweden geschlagen. Napoleon soll das gestrige Gefecht selbst geliefert haben, um die Höhen bei Grimma zu gewinnen. Das soll ihm gelungen sein. Im Grunde sind wir, im Mittelpunkte der Dinge selbst, unwissend und werden abgefertigt wie Kinder. Ich nun vollends, der von Kriegswissenschaft ohngefähr soviel versteht als von Heraldik oder vom Arabischen – ich meine: gar nichts – ich kann nach allem, was ich sehe und schließe, über den Stand des Ganzen nichts herausbringen als folgendes. Umgeben ist Napoleon von allen Seiten, und mit gänzlicher Übereinstimmung, Konsequenz und ungeheurer Heereskraft. Dies läßt ihm die Wahl – wiefern da eine statthaben kann – entweder sich gegen Lützen hin (mithin nach Erfurt usw.) durchzuschlagen, was ihm wohl aber, da es das Natürlichste und also das am meisten Erwartete ist, schwer genug werden würde; oder die Hauptkorps seiner Armee so zu stellen, daß sie die Verbündeten in allen Richtungen beschäftigen, mit einem erwählten Heer aber jene errungenen Höhen zu

behaupten (hat er sie wirklich innen), bis die um Leipzig ver-
versammleten Armeen sich größtenteils ebenfalls dorthin richten und ihn da angreifen: wo er dann, nicht zum ersten Male alles auf Einen kühnen Wurf setzend, eine entscheidende Schlacht
liefern müßte, wo aber auch die Verbündeten, was er dazu an
sich zöge, in den Rücken zu fassen bekommen könnten, so daß
er wie einmal in Oberitalien zwischen zwei Heeren kämpfen
müßte. Das letzte, gelänge es ihm oder nicht, stürzte uns in neues,
unabsehbares Elend; das erste würde wahrscheinlich im Augenblick schrecklich für uns, schaffte dann aber Luft und große
Hoffnungen – so wollen wir an dies glauben! – –

Indes nahet die Stunde, wo die Konvention über die Stadt
zu Ende geht. Feuers wegen ist von mir in den Morgenstunden
einiges von Wert gepackt und in den Keller geschafft. Anderes,
was leicht sich bewegen läßt, habe ich in das einzige Zimmer
nach der Straße, das man mir gelassen, und die Meinigen dazu-
quartiert. – Der König, der bisher gefaßt in seiner Wohnung am
Markte blieb, hat sich eben ins Schloß begeben. – Vor den Toren und vornehmlich vor dem Ranstädter, wohin der ungeheuer-
ste Andrang gewesen und das eben das engste ist – haben die
Züge einander selbst die Wege versperrt; mit Toben und Wüten
stürzt alles Straße auf, Straße ab, sammlet sich, zerstreuet sich
wieder. – Von Schlaflosigkeit, körperlicher Anstrengung und innerer Bewegung fühle ich mich wie gelähmt; aber es muß doch
vorwärts, und es wird auch …

Da schlägt's zwölf Uhr! Gott, welch ein Krachen des größten
Geschützes, vielleicht zur Bezeichnung der Stunde! Auch das Feuer des kleinen Gewehrs – dem Halle nach gar nicht fern von den
äußern Toren – beginnt mächtig. Ist es doch wahrlich, als ob …

Nachmittags 5 Uhr.

Das war eine arge Unterbrechung! Vom Halleschen Tore her
warf man – man sagt mir, nur acht – Granaten in die Stadt, und
gleich eine der ersten flog in das Haus, wo ich wohne. Sie schlug
durch den Schornstein, zersprang im dritten Stockwerk in der

Küche (Sie erinnern sich, ich wohne im zweiten); die Stücke zertrümmerten, was sie erreichten, mehre flogen durch die Fenster und mit diesen in den Hof; Dampf und Pulvergeruch verbreitete sich durchs ganze Haus. Das Unerwartete, die ganz eigene mir neue Art des Krachens, Schmetterns, Klirrens, das gewaltsam ausgestoßene Angstgeschrei meiner weiblichen Dienstboten, die laut kreischend und bewußtlos in das Zimmer stürzten, wo ich mit den Meinen versammlet war – dies lähmte auf einige Augenblicke uns alle im Schrecken; dann die Furcht vor Wiederholungen, vor Brand auf dem Boden (ein wunderlicher Zufall führte eben da, wo die Kugel eingeschlagen hatte, ein einzelnes dunkelgraues Wölkchen am reinen Himmel herauf, das ganz wie Dampf aussahe, der aus dem Dache stieg –), das zagende Weinen der Zusammenlaufenden –: es war das alles freilich nur ein Tropfen im Meer des allgemeinen Ungemachs; aber eben für uns war der Tropfen Gift, dessen Wirkungen wir schwerlich sobald verwinden werden.

Nachdem ich mit einigen Hausgenossen die obern Gemächer und Böden untersucht und keine Feuerspur gefunden hatte, überlief mich eine körperliche und geistige Kälte – die eine so wenig als die andere mein Verdienst! In dieser vermochte ich's, ruhig Veranstaltungen zu treffen. Ich bewog alle die Meinen, auch sämtliche Dienstboten, sich hinunter in das bombenfeste Gewölbe zu begeben, blieb ganz allein oben, das Weitere abwartend und fast gemächlich erwägend, was bei fortgesetztem Bombardement, bei Eroberung durch Sturm, bei Plünderung, Feuersnot usw. zunächst und, wäre das geschehn, was dann zu tun sei. Ich machte mir das alles ganz klar und schrieb die Hauptpunkte nummernweise auf, das Blatt so legend, daß es den Meinen sogleich in die Augen fallen mußte, wenn mir – wie der Tell sagt – was Menschliches begegnete. In alle dem störte mich weder die furchtbare und nahe Kanonade, noch selbst das Geschrei auf der Straße, als in meiner Nachbarschaft eine zweite Granate einschlug und mehre Kanonenkugeln niederfielen. –

Soviel ich bis jetzt erfahren, haben nur einige der Granaten gezündet, nicht in meiner Nähe; das Feuer ist aber, ehe es um sich griff, gedämpft worden. Wenig Personen sind verwundet. Durch den Erker des Hauses meiner Frau in der Katharinenstraße hat eine sechspfündige Kanonenkugel geschlagen und ihn übel zugerichtet. Unmittelbar darüber stehet mein Anteil an der Winklerschen Gemäldesammlung aufgestellt; eben nahe an den Fenstern der große, herrliche Rembrandt und manches andere der schönsten Stücke; aber die gute, werte Bewohnerin des verletzten Zimmers ist mit dem Schrecken davongekommen; das ist mir genug, und da Kugeln in allen Richtungen eindringen, mithin Gegenstände, wie zum Teil große Gemälde, an einem Orte ohngefähr ebenso sicher und ebenso unsicher sind als am andern, aufgehangen aber nur einzeln verletzt werden können, während sie partienweise zusammengestellt, auch partienweise zugrunde gehen würden, ich demnach nichts dafür zu tun weiß: so will ich auch nichts davon wissen, bis ein Ende herbeigeführt ist. –

Jetzt ist, seit gegen vier Uhr, die Kanonade allmählich verstummt; auch das Kleingewehrfeuer ist schwach geworden, hat sich weiter entfernt, und seit halb fünf Uhr hört es fast ganz auf. Der Weg für die flüchtenden Franzosen (denn für Flüchtende muß man sie doch wohl nun nehmen?) zum Ranstädter Tore hinaus, gegen Lützen usw. war wieder offen; die großen Züge gingen langsam unter Toben und Geschrei der Antreibenden vorwärts. – In das Stock unter mir brachte man noch einen General mit seinem Adjutanten, beide schwer verwundet. Sie wollen sich nicht nennen. – Da ich die Meinen zu verlassen mir nicht mehr verstatte, folglich fast niemand spreche, erfahre ich auch nichts über den Zusammenhang des ebenso unerwartet abgebrochenen Sturms, als des vorhin beginnenden. Wahrscheinlich erführe ich auch nichts als leere Vermutungen, wenn ich ausginge. Wer den Zusammenhang weiß, muß ihn auch unentdeckt wünschen, und die Meisterschaft im Verbergen und Irreleiten wird niemand den Franzosen absprechen. Hat man also abgebrochen, was man bei sinkendem Tage nicht mehr zu vollenden glaubte; oder ziehet sich Napoleon gegen Erfurt zurück, vielleicht nach Vertrag mit den Verbündeten (was aber bei deren ganz offenbaren, entschiedenen Vorteilen unglaublich scheint); rückt er gegen Grimma hin, und die andern sammlen sich erst, ihm zu folgen; oder was sonst: wir wissen's nicht, sondern nur, daß wir morgen neuem Schrecken, neuer Not entgegengehen. Da braucht's Kraft und Fassung. Hierzu mir und den Meinen behülflich zu sein (meine Frau ist seit jenem Schrecken am Morgen körperlich ganz erschöpft, geistig aufs heftigste gespannt), habe ich veranstaltet: wir wollen, was auch zu stören versuche, die Abendstunden in bestimmter, bindender, aber heiterer Unterhaltung gemeinschaftlich wie sonst in den freiesten und erwünschtesten Tagen zubringen; wir wollen uns dazu erst zwingen; der Zwang wird sich dann schon allmählich auflösen, und der Gegenstand Eingang gewinnen. – –

Seit es dunkel geworden, siehet man in mehren Dörfern und Vorwerken Feuer. Gott helfe den Unglücklichen, wir können's nicht. Unter den nächsten Orten erkenne ich Pfaffendorf und, nach dem Widerschein am Himmel, Schönfeld. In Pfaffendorf war ein Hauptlazarett voller Franzosen. Sollten diese, wie so viele, abgezogen sein und angezündet haben, was sie geschützt und beim Leben erhalten, damit es ihren Feind nicht auch schütze und seine Leidenden erhalte? – –

Rund um die Stadt in den Promenaden, soweit ich sehen kann, lagert sich nun Mann an Mann truppweise um hochauflodernde Wachfeuer. Die, unmittelbar meinen Fenstern gegenüber, werfen dunkelrote Glut an die Wände meiner Zimmer. Die mächtig geschwungenen Äxte gegen Barrieren und Bäume, das Knickern und Knackern beim Losbrechen jener, das Krachen beim Fallen dieser, hallen herüber; der Anblick der gelagerten Gruppen, die kochen, trinken usw., das Gesicht und die vordere Seite gegen das Feuer gerichtet, glührot, die andere, durch Schatten scharf abgeschnitten, brandschwarz; dann bei einem Stoße des Abendwindes auf einen Augenblick alles in Dampf verhüllt –: das zusammen gibt höchstinteressante Bilder und lehrt mich, wie wahr und treffend van der Poel, Casanova, Loutherbourg und einige andere dergleichen Szenen dargestellt haben. – Aber die anberaumte Erholungsstunde nahet; der Hausvater muß mit dem Beispiel vorangehen, ich verhülle die Fenster. – –

Den 19., früh um 6 Uhr.

Da bin ich wieder und zu meiner Verwunderung durch fünfstündigen, festen Schlaf gestärkt. Desto getroster will ich dem entgegengehn, was uns heute erwartet. Vor meinen Fenstern, längs der Promenade hin (und so wird's rund um die Stadt sein), brennen noch die Wachfeuer; aber die Truppen sind in Bewegung. Soviel ich erkenne und nach dem, was das Rollen der Wagen lehrt, drängt sich noch immer alles zum Ranstädter Tore hinaus – also auf der Lützner Straße hin. Da nun, wie gestern abend selbst mein Herr Kommissär eingestand, die Verbündeten alle Hauptstraßen rund um die Stadt innenhaben oder doch beherrschen und da, wie es scheint, dieser Abzug nicht gestört wird: soll man da an einen Vertrag denken? Gleichwohl ist die Überlegenheit der verbundenen Heere so übergroß; und warum sollte dann die Stadt bis auf den letzten Mann verteidigt, warum durch einen Sturm aufgeopfert werden? So wird man zu der Meinung zurückgeführt, es sei Absicht, die Franzosen nach jener Richtung bis auf einen gewissen Punkt ziehen zu lassen, um sie dann desto sicherer zu fassen; was dann Napoleon dadurch wenden oder doch den Seinen weniger verderblich werden lassen wollte, daß er in der Stadt selbst einen Gegenpunkt behauptete. Wie würde es aber dann dieser ergehen! –

Doch was fixiere ich leere Sorgen und Meinungen auf dem Papiere! Lieber geschehe das mit einigen kleinen Zügen, die, wenn auch einzelne Funken im allgemeinen Brand, doch nicht unbeachtet verlöschen dürfen.

Der General, der gestern mit seinem Adjutanten, beide schwer verwundet, in das Stock unter meiner Wohnung gebracht wurde, verharret dabei, seinen Namen nicht zu nennen, ›damit seine Soldaten, die ihn lieben, durch sein Geschick im Kampfe nicht gestört werden‹; und zu einem der Ärzte sagte er gestern abend: »Mein Herr, ich werde sterben, ich weiß es; aber vermag Ihre Kunst mir das Leben zu erhalten, bis ich meinen Kaiser aus dieser Verlegenheit (embarras) gerissen höre, so wenden Sie sie sorgsam an. Es wird nur kurze Zeit dauern, sein Sie versichert, dann brauchen Sie sich nicht mehr viel zu bemühen; ich werde

gern sterben.« – Und machte dieser Heldensinn und diese Anhänglichkeit, daß ich heute noch unter den Trümmern dieser
unsrer gemeinschaftlichen Wohnung begraben würde, und ich
wüßte es – ich könnte doch nicht lassen, das Große und Herrliche hierin anzuerkennen und zu preisen.

Eine mit Recht vorzüglich geachtete Familie ist gestern während der schrecklichen Kanonade versammlet – der Vater, die
Mutter, die Kinder. Eines von diesen, ein etwa zweijähriges
Mädchen, wird von der Mutter auf dem Schoße gehalten. Da
fällt eine Granate ins Haus, ins Zimmer. Sie zerspringt, ein Stück
reißt der Kleinen an der Mutterbrust ein Ärmchen ab. Die Mutter schreiet und jammert überlaut. »Gute Mutter«, sagt der kleine
Engel, »weine nicht, es wächst mir ein andres; nicht wahr, Vater?« – Hat je ein Dichter so mit einem leisen Griff alle innersten Saiten der Menschenseele erbeben gemacht? – –[1]

Vormittags um 8 Uhr.
Soeben verteilte meine Frau ihren letzten Rest an Brot unter die
Hausgenossen. Da für Geld allerdings nichts zu haben ist und
ich, bei Freunden anzuklopfen, die Meinen ebensowenig verlassen, als den Dienstboten zumuten kann, so müssen wir's heute
ohne dies Nahrungmittel versuchen. Mangel leiden wir darum
noch nicht.

Seit ich obiges früh schrieb, ging der Zug, meist Kavallerie
und Munition, in möglichster Eil und mit französischem Toben
vor meinen Fenstern vorüber nach dem Ranstädter Tore. Und
so ist's noch jetzt. Wir hören zwar Schüsse fallen, aber nur einzelne. – Es gab mir einen herrlichen Genuß, diese zwei Stunden, nachdem ich erfahren, auch die Meinen waren durch festen
Schlaf erquickt, am gewohnten Schreibtisch zuzubringen. Ich
werde ihn aber doch schließen und mich in die vordern Zimmer
begeben müssen; in der Richtung von Lindenau oder seiner
Chaussee her könnte mich eine tüchtige Kugel hier gar zu be-

---

1. Gott rief bald darauf den holden Engel dahin ab, wohin er gehörte.

quem treffen. Den Aufenthalt vorn erschwert uns, wie allen Bewohnern nicht eben breiter und mit hohen Häusern besetzter Straßen, der fast unausstehliche, betäubende Geruch der Fäulnis von moderndem Stroh, Unrat der Pferde usw. Zuvor aber will ich von den obern Vorratskammern, was von Wert ist und leicht Feuer finge, herunterschaffen. Da ich der Dienstboten nur wenige habe und für Bezahlung kein Beistand zu erreichen ist, werde ich derb anpacken müssen. Nun, ich habe ja einmal wieder geschlafen! Frisch dran also! – –

Abends 7 Uhr.

Diese Stunden – o diese Stunden, lohnend für tausend Drangsale, beschreibe, wer es kann! Wo sollte ich anfangen auch nur mit dem, was ich selbst gesehn, selbst erfahren; wo enden? Indes, was sich in mir eben jetzt, nachdem der erste Sturm der Gefühle vorüber und ich im gewohnten Stübchen Gott gedankt, daß er mich den furchtbargroßen Tag erleben lassen – was sich da vornehmlich hervordrängt, das sollen Sie bekommen, so gut oder so schlecht die fliegende Feder es hinzeichnen will. Vieles des Herrlichsten und Glorreichsten, was unsere Stadt sahe, bleibt ganz unerwähnt, weil ich nicht dabei war; an viel Anziehendes, wobei ich war, werde ich doch auch nicht kommen. Indes – wir wollen sehn, was wird! –

Vom Schreibtisch, wo ich vorstehendes vollendet, ging ich an das angeführte Taglöhnergeschäft. Was vermag man, wenn man muß! Ich habe gehoben und getragen, was ich nun kaum rücken kann. – Das Geschäft war erst begonnen, als fast in einem Moment die Kanonade vor allen Toren zugleich und schrecklicher donnerte als je. Herr ***, der auf einige Minuten vom Rathause zu den Seinigen eilte, brachte die Botschaft: unser König habe nochmals die Stadt den verbündeten Monarchen zur Schonung empfohlen, und es sei Antwort gekommen, man werde schonen, soweit es die Operationen irgend zuließen; nur möchte man sorgen, daß die abziehenden Franzosen nicht anzündeten oder sonst verwüsteten. (Sie haben gestern wirklich die Lazarette, nachdem sie sie ausgeplündert, wobei auch die kostbaren Sammlungen chirurgischer und anderer Instrumente verloren gegangen und die meisten der nicht mehr transportabeln Franzosen umgekommen sind – in Brand gesteckt. So ist Pfaffendorf in Feuer aufgegangen; so wäre es dem Place de repos usw. ohne schleunige Hülfe ergangen.) – Kaum hatte ich diesen halben oder Viertelstrost vernommen, als ich in der Klostergasse Napoleon mit großer Begleitung seiner Garde vorüberreiten sah. Er war im schlechten, kotbespritzten Überrock; sein Gesicht (ich stand ganz nahe, um es zu erkennen) war weder verlegen noch verwegen, noch auch sonst beunruhigt, sondern in der starren, scheue Ehrerbietung erzeugenden Kälte, die oft an ihm vor entscheidenden Momenten, eben wenn's in ihm kocht und sprudelt, bemerkt worden ist. Murat und Poniatowski waren glänzend geschmückt; die andern schimmernden Herren zu erkennen, war nicht Zeit. Nur der despotische Weichling, der uns so vielfach gequält, fiel mir noch in die Augen. Er sah bleich aus und flach, und ohngefähr wie nichts. Sie ritten nach mehren Toren, zunächst nach dem Peterstor und dessen Pforte am Floßgraben. Wollte Napoleon die Anstalten nochmals überblicken, oder der Seinen Mut neu entflammen, oder über den Punkt, auf welchem zu entkommen, sicherer werden, oder – da er dies wohl war – über denselben irreleiten, oder alles das zugleich? Jeder Posten seiner Soldaten empfing ihn mit Jubelgeschrei, in den Straßen ward kein Laut gehört. (Man will ihn noch nach eilf Uhr in der Stadt gesehen haben, ich weiß das nicht; aber nach zehn Uhr sahe ich ihn selbst nochmals.) Hierauf saß er am Markte vor unsers Königs Hause ab und ging mit Murat hinauf. Sein Besuch dauerte vielleicht eine halbe Stunde. Aus der Nachbarschaft konnte man ihn bemerken, wie er, indes sich Murat mit der Königin auf dem Sofa besprach, mit dem König im Erker redete. Die Bewegungen seiner Hände waren hastig und bezeichnend, seine Miene und übrige Haltung gefaßt und anständig. Er sprach viel und fast immerfort. Der König stand in seiner gewohnten, stillen Würde; er schien wenig und nur Bedeutendes zu sagen: dies glaubte man aus Napoleons Achtsamkeit und Miene lesen zu können. –

Von dem, wie er hernach entkommen, erfahren wir noch nichts Sicheres, als daß man ihn durch die jetzt versumpften Wiesen gegen Lindenau setzen gesehn; aber auch in Richters Garten[1] soll er mit einem Trupp seiner Vertrautern gewesen sein. Gewiß ist, daß Poniatowski und Macdonald, die seinen Rückzug zu decken gehabt, dort, als sie ihre Pflicht erfüllt, durch die Elster gesetzt haben, so hoch und steil auch ebenda ihre Ufer sind. Poniatowski soll bei diesem Wagstück ertrunken sein. Das alles wird sich bald aufklären und berichtigen. Nur das hab ich von einem Manne, der unmittelbar dabei tätig sein mußte: Gegen die Mittagsstunde, eben als das österreichische Heer auf der dortigen Landstraße in die Stadt drang, kam Napoleon mit den Seinen nach Lindenau, hielt an der Mühle, die hart an der Straße stehet, verweilete mehre Minuten und aß, während im Dorfe von Franzosen – die Leute sagen ›zum Plündern‹ – getrommelt ward. Es war wohl aber Sturmschlag, den der Österreicher nachzuahmen und sie, die eifrigst Vordringenden, hinter ihrem Rücken zu täuschen, als rückten neue Haufen der Ihrigen ihnen nach. Zum Plündern brauchte auch nicht erst aufgefordert zu werden, das geschahe ohnehin; nur daß man wenig mehr fand. Wie Napoleon weiter fortgekommen, weiß jetzt noch niemand. Manche meinen: da alle Zugänge zur Stadt so gänzlich in der Gewalt der Verbündeten gewesen, sei ihm absichtlich jener Ausweg offengelassen worden aus noch unbekannten Ursachen zu noch unbekannten Absichten. Soviel ich erfahren, kommandierte ebendort, ebenda, der Feldzeugmeister Giulay. – Doch ich greife mir selbst vor; wir lassen alle Meinungen auf sich beruhen und halten an dem zweitausendjährigen Spruch:

Wer, ein kühner Frevler,
Gesetzlos Recht und Unrecht vermischt,
Wird gewaltsam scheitern,
Wenn an zerschmettertem Maste
Wetter seine Segel ergreift.

---

1. Jetzt dem Bankier Herrn Reichenbach zugehörig.

Er ruft – Gott höret ihn nicht;
Sieht ihn im wirbelnden Strudel,
Lacht des Vermeßnen,
Nicht mehr Trotzenden,
Unauflösbar Verstrickten,
Welcher nicht fürder entrinnt,
Seit er sein voriges Glück
Selber zerschellt am Fels der Vergeltung.[1] – –

Ehe noch Napoleon in Lindenau sein konnte, hörten wir – und ich vornehmlich, nach der Lage meiner Wohnung – einen einzelnen, von allem andern Feuern unterschiedenen, entsetzlichen Krach. »Sie haben eine ganze Batterie gegen das verrammelte Tor gerichtet!« schrien mir einige Untenstehende herauf; aber es war die alte, sehr stark erbauete Elsterbrücke gewesen, welche gesprengt und mit eins ganz in den Fluß zusammengestürzt war. – Jetzt ging nun der Tumult französischer Flüchtlinge, Kanonen, Pulverwagen und andern Fuhrwesens an den Promenaden hin über allen Begriff. Schon seit einigen Stunden war er ungeheuer, denn der Zug hatte sich verfahren und konnte selten nur um einige Schritte vorwärts. Jetzt war nun die Brücke des einzigen Ausgangs weg, und nun wütete jeder einzelne; was denn mit dem tausendfältigen Hall des Geschützes ein Ganzes von Teufelslärm gab, wie es sich kein Mensch denken kann, der's nicht gehört hat. Hier schien ein kleiner Trupp sich durchgehauen zu haben – denn sie hieben hellweg aufeinander ein, er rückte ein klein Stückchen – alles drängte nach – er ward zurückgeworfen oder stockte sonst, und alles hetzte und tobte wie zuvor.

Indem das vor meinen Augen vorging, brachen wieder einige Granaten in die Nachbarschaft herein, und mehre andere Kugeln pfiffen umher, einige fielen auch in den Hof. Da gab ich denn dem Eindringen der Meinigen nach und ging ebenfalls hinunter in das geräumige, feste Gewölbe. – Dort gab's ganz

1. Äschylos, in den ›Eumeniden‹.

andere Szenen; und hätte ich eben Zeit und wäre sonst der Mann dazu: wahrhaftig, ich schrieb' an Sie, wie einst Rabener an Ferber. Einige kleine Züge muß ich hinpinseln!

Ein junges, fremdes, mir unbekanntes Paar, das nur durch Gefälligkeit aufgenommen war, stand, von allen übrigen gesondert, schweigend, fast ohne Regung da; eine Linke hatte eine Rechte gefaßt; man blickte einander bloß zuweilen ins Auge und schien nun, ohne auf alle Umgebung zu achten, vertrauend eins dem andern, der Liebe und unserm Herrgott, es ruhig drauf ankommen zu lassen, was denn weiter werden möge. – Ein mir ebenfalls unbekannter, sehr hübscher junger Mann, heftig angeregt und voll enthusiastischen Patriotismus, hatte unaufhörlich zu tun, sich selbst Luft zu machen. Er flog immer ab und zu, brachte stets eine neue Siegespost, erzählte sie hastig allen, die sie hören oder nicht hören wollten, unbekümmert, daß eine der andern widersprach, indem die neue die ältere in ihm schon wieder verlöscht hatte, jauchzte auf, wenn eine Batterie dareinkrachte, und schoß wieder fort, um neue Beweise zu holen, die Franzosen wären bald alle tot. Die kecken, originellen Einfälle, welche ihm unbewußt, die Begeisterung und die drolligen Sprachwendungen, welche die Hast ihm abzwang, würzten seine Berichte ungemein. – Einige eben in anmutigem Aufblühen stehende Mädchen, in deren Nähe die treuen Mütter für sie, nicht für sich zitterten, waren von diesen in die allerdunkelste Partie des Gemachs geschoben und durch eine zweite, ihnen vorgesetzte Reihe Stühle vor irgendeinem ersten Anlauf, freilich leicht genug geschützt. Die guten, jungen Seelen waren, die Ängsten der Mütter teilend, Tränen in den Augen, herabgekommen; der Schmerz lösete sich aber bald in das drückende Gefühl der Langweile auf, indem die ewigen Klagen oder Mordgeschichten sie nicht mehr interessierten und selbst das Aufschrekken bei dem Knall einer Batterie bald den Reiz der Neuheit verlor. Sobald aber junge Mädchen Langweile fühlen, ist ihnen jede Kurzweile willkommen; und so nahmen sie denn die Aufmerksamkeiten und die Dienstgeflissenheit geachteter Männer gar nicht ohne Genuß recht freundlich und zierlich auf, schienen sich ganz wohl zu befinden und lächelten zufrieden vor sich hin, bis etwa ihr Blick auf eine der geängsteten Mütter fiel und nun schnell in sanfter Trauer niedersank, bis wieder ein Tröster oder eine Erfrischung nahete. – Bei drei rüstigen, lebensfrohen Knaben schlug der Jammer noch weniger an. Nachdem sie auf kurze Zeit versucht, neben den Eltern dem Ernst sein Recht anzutun, auch manche kriegerische Vorkehrungen gemacht hatten (der eine, indem er den Säbel umschnallte, versicherte der Mutter heilig, er werde jeden, der ihr was tun wolle, durch den Bauch stechen –), wußten sie sich unvermerkt zusammenzutun, freuten sich nun halbverstohlen des prächtigen Schießens und trieben bald ihr gewohntes Wesen so frischweg, daß ein gewisser Herr, damit sie den Bekümmerten nicht zu großes Ärgernis gäben, mit scharfen Worten dreinzufahren für nötig erachtete; was denn auch zu seiner Genugtuung so wirksam war, daß man die Knaben lange nicht mehr sahe. Die Sache war aber: sie hatten im Gewölbe ein hohes Faß mit Mandeln ausgegattert, geschickt einander hinauf und hinein geholfen und schmauseten da in stillem Behagen mit schönstem Appetit.

Doch womit verbring ich mein Stündchen Zeit! Ich lasse die weitern kleinen Randverzierungen des großen Schlachtgemäldes unfortgesetzt und rufe nur noch aus: wie interessant müßten doch alle Menschen, wie reich und mannigfaltig das Leben unter ihnen sein, wären sie nur immer, wie in solchen Momenten, bis dahin angeregt und gehoben, daß sie sich gäben, wie sie eben wirklich sind! – –

Unter denen, die in der Stickluft des Gewölbes mit uns schwer aufatmeten, war auch der badensche Oberstleutnant von Schömlin, Generalzahlmeister seines Korps, ein feiner, sehr gebildeter Mann, der, wie klug er auch allerdings über Verhältnisse schwieg, welche die Seinen näher angingen, mir doch über den Zusammenhang dessen, was eben vorgehe, manche nähere Notizen gab. Ich habe nicht nötig, etwas davon anzuführen, denn indem ich dies schreibe, hat sich seine Ansicht schon durch den Erfolg bewährt, und ehe Sie dies lesen, wissen Sie diesen Erfolg. Seine Situation – eben in diesem Moment einer großen Kriegskasse vorgesetzt usw. – war wohl kritisch genug; das hinderte ihn keinen Augenblick, als ganz ruhiger, ja galanter, nur auf die kleinen Interessen unsers Zirkels achtender Mann zu erscheinen, bis dann der rechte Augenblick kam und er – weg war, wie verstoben.[1]

Indessen dauerten Kanonade und Kleingewehrfeuer aufs hitzigste ganz in der Nähe der äußern Tore, rund um die Stadt, fort. Diese Tore waren möglichst verschanzt, verpalisadiert; die Mauern der Gärten Loch an Loch durchbrochen, um unaufhörlich hinauszuschießen und gegen Schuß gesichert zu stehn. Viele Kugeln flogen in die Stadt und stifteten gar manches Unheil, doch in Hinsicht ihrer Zahl für die zum Verwundern wenig, die das Verhältnis zwischen Schießen und Treffen nicht kennen. In den Vorstädten plünderten Franzosen. Man ließ nach Pulver suchen überall, wo irgend etwas davon, wenn auch noch so wenig, zu vermuten war. Das war Trost! Wir erfuhren, die gesamte Besatzung habe heute nur halbe Portionen Munition bekommen können. So war's auch! Im Brühl, ziemlich nahe am Hause meiner Frau (ach, an meinen Gemälden!) ging Feuer auf; es ward bald gedämpft. An einigen andern Orten auch; es gelang desgleichen. Ich ging aus dem, von zusammengepreßter Menschenmenge mit erhitzter Stickluft angefüllten Gewölbe mehrmals hinauf in meine Zimmer, die ins Freie sehen; aber am Fenster pfiffen mir einige Kugeln doch zu nahe vor der Nase vorbei, als daß ich mich nicht, zumal da noch nichts zu entdecken war als wildes, tolles Getümmel, bald wieder hätte abführen sollen. Endlich, endlich – es war etwa dreiviertel auf ein Uhr – erhebt sich auf der Straße nahe bei uns ein gräßliches Zetergeschrei. Wir erschrecken – wir wissen nicht, was es ist, können's auch nicht erfahren. Ein wildes Geschrei anderer Art folgt; eilende Pferde und eilende Menschen hören wir daherstürmen, alles dringt vorüber, anderes folgt nach: Gott, es war errungen! es war errungen! Jenes erste Geschrei kam von einem Trupp Fran-

---

1. Durch rechtlichen Sinn, Mut und Gewandtheit hatte er also seinem Fürsten und der gemeinen Sache alles gerettet, was zu retten war.

zosen und Deutschen, die sich verschossen, die Waffen von sich geworfen hatten und auf welche die ersten eindringenden Sieger im Siegesrausche einhauen wollten; das zweite war Freudenjubel, Jubel der Vereinigung mit denen, die sich vereinigen wollten. Das erste Korps Preußen, meist Infanterie, mit einem Trupp Kosaken, drang jauchzend die Straße herauf.

Nun ich hinauf! Ich kam eben zu dem Moment, wo unmittelbar vor meinen Fenstern, vor meinen Augen, die Barfüßer Pforte gesprengt war und nun Tausende der Siegenden durch die Gärten, über die Wiesen brechend, doch zum Erstaunen schnell wieder geordnet, in die Stadt drängeten. Nahe am Ranstädter Tore hatten die Franzosen noch zwei starke Batterien von gewaltiger Kraft; ein starkes Korps Sieger bricht von der Straße am sogenannten Kuhturm und nun durch den Sumpf der Wiesen, durch die Gräben der Gärten mit Jubel herüber, gerade herüber auf die Stadt. Was dagegen sich ordnen, was sich entgegenstemmen will – und dessen war viel – das wird geworfen und entweder in die Pleiße, in den Stadtgraben gejagt oder ballt sich – zum Beispiel an Reichels Garten – zu Haufen und schreiet, daß einem das Herz hätte zerspringen mögen, in dem übergeschnappthohen Ton Rasender um Pardon. In demselben Augenblick tönet von der andern Seite und zum erstenmal wieder in meine Ohren der früher tausendmal vernommene, fröhliche Marsch der hellen Jagdhörner preußischer Freiwilliger – derselben, unter denen die befreundeten, jugendlichen Krieger, Theodor Körner, Georg Göschen und andere die Waffen trugen. Freund, wie seltsam spielen unsre Sinne mit uns selbst in Momenten hohen Ernstes, höchster Spannung! Ich wußte, was geschah; ich hatt es ja schon gesehen, und doch – diese wohlbekannten Töne, die es nur verkündigten –: nein, kein Wort bezeichnet den Eindruck, den sie auf mich machten! Meine Tränen stürzten hervor; ich rief überlaut den Meinen zu, herbeizukommen und gleichfalls zu hören, ob sie mich gleich nicht vernehmen konnten; von meiner Brust war mit eins alles Beengende verflogen; ich riß die Fenster auf und ließ die Kugeln pfeifen, wie sie wollten; ich wehete mit dem weißen Tuche hinüber, dann eilte ich hinab, allen, die mich hören wollten, was ich gesehen, was ich gehört, zuzurufen. Unten hat die gute, alte Besitzerin des Hauses, gichtgelähmt an beiden Füßen, mit ihrem Lehnstuhl in eine, durch starke Pfeiler gesicherte Ecke sich tragen lassen und zittert nun der Entscheidung entgegen. An sie, die bis zum Sterben Geängstete, wende ich mich zunächst, beuge, ihr Trost und Freude einsprechend, mich zu ihr, komme dadurch an das Fenster zu stehen – eine vierpfündige Kanonenkugel fliegt in den Hof, schlägt mit solcher Gewalt an die Mauer unter ebendies Fenster, daß sie, abspringend auf die entgegengesetzte Seite, noch da hart an eine eiserne Tür kracht –: kam sie eine halbe Elle höher an, so drang sie mir durchs Rückgrat, und alles war aus für mich. Ich hatte nicht Zeit, nicht Ruhe, dem lieben Gott zu danken; er wird wohl aber das Ganze meines Innern in diesem Momente für Dank genommen haben. Mich lehrte der Fall zugleich, wie leicht es in der Schlacht ist, wahre Begeisterung vorausgesetzt, den Tod um sich her fliegen zu sehen.

Ich ließ also diese Episode auf sich beruhen und eilte wieder hinauf, die Fortsetzung der Hauptszenen zu sehen. Vor meinen Augen war kein eigentlicher Widerstand mehr. Die Sieger zogen in scharfgedrängten Reihen eilig herein. Neben diesen Reihen, wo sich irgendein Räumchen fand, drängten Ungeduldige jauchzend noch schneller sich vorwärts. Zwei große preußische Jäger, die also mit verschlungenen Armen voraufeilten, kamen mir eben zufällig vor das Glas – da schießt einer der im Garten vor meinen Fenstern versteckten Franzosen einen dieser wahrhaft schönen Jünglinge in den Leib und so, daß er sogleich zusammensinkt. Sein Freund will ihn halten, er vermag's nicht; ziehet ihn an eine Linde, lehnt ihn halbaufgerichtet an sie, kniet an seiner Seite nieder und ist liebevoll um ihn beschäftigt. Es war das kaum zu erwähnen, nur durch die zufällige Richtung eines Glases von irgendeinem Menschen bemerkt; ein kleiner Funke zur großen, hochauflodernden Flamme, nur soweit diese selbst meinen Blicken sich darstellete: und doch – wir armen Menschen können ja nur einzelnes ganz durch- und mitfühlen – dieser Anblick riß mir tiefer in die Seele, als das tausendfältig

Ähnliche, was ich nur in Masse gewahret hatte. Ich warf mich aufs Sofa, die frohe Begeisterung war wenigstens auf einige Minuten ganz dahin; und das Los des Menschen, Großes nur durch Leiden, Frohes durch Schmerz, Leben durch Tod erringen zu sollen, trat, wie ein Bild mit Feuer auf Nachtgrund gemalt, plötzlich vor meine Seele. − −

Die Rachwut und Todesverachtung vieler versprengter Franzosen war heroisch, aber gräßlich. Im Garten unter meinen Fenstern lauerten nicht wenige hinter Bäumen und schossen immerfort blind unter die einziehenden Sieger, obschon sie wußten, es sei für ihre Sache umsonst und für sie der Tod. Selbst in dem kleinen Pavillon am Hause staken deren vier; und als wir ihnen freundlich zuriefen, sich zu retten, legten sie auf uns an und schworen dem den Tod, der ihnen näher käme. Wir ließen sie denn schalten.[1] Im Stadtgraben an der Barfüßer Pforte standen viele bis unter die Arme im Wasser, hielten die Gewehre, und was für diese nötig, empor, luden und schossen immerfort; und wenn dann einer von den vorüberziehenden Siegern, wie ein versprengtes Wild auf der Lustjagd vom Jäger, gefaßt wurde und getroffen unter die Wasserfläche sank, so schrien die andern, als wären sie die Jäger, über den Gewinn. − Selbst in dieser Stunde plänkern von den Wiesen, aus Gebüschen, aus den Gärten, immerfort einzelne Schüsse, ohngeachtet es Nacht, alles längst entschieden und solch einem Erbitterten, wird er ergriffen, der Tod gewiß ist. − −

Gleich nachdem die Preußen in die Stadt gedrungen waren, quollen auch Schweden, Russen, Österreicher usw. zu allen Toren herein. Mehre Gärten, besonders am Grimmaischen und Peterstore, ja mehre Gartenhäuser hatten einzeln, wie mit Sturm genommen werden müssen, weil Franzosen sich da nach Mög-

---

1. Zwei davon mochten später entkommen sein; ein dritter lag tot und nackt mehre Tage im Zwinger unter meinen Fenstern; ein vierter wurde den dritten Tag in einer Laube, dem Verscheiden nahe, gefunden: er war nicht verwundet noch sonst krank, sondern um sich nicht ergeben zu müssen, wollte er verhungern.

lichkeit verrammelt, nach Möglichkeit gewehrt hatten. Bis in viele Wohnzimmer war gefochten, war geschossen und gar mancher erlegt worden. – Das Korps Badner streckte am Markte, unser sächsisches in der Grimmaischen Gasse das Gewehr; auf Befehl des Kronprinzen von Schweden nahmen sie es sogleich zurück; und auf den Anruf der Sieger: Brüder, mit uns! stürzten ganze Haufen einander in die Arme. Dies sowie das Zusammentreffen der Monarchen auf dem Markte, nahe an der Wohnung unsers Königs, wo sie ebenfalls sich umarmten und einige Minuten verweileten; dazu den Jubel der Wonne, des Preises Gottes von den Herren und allem Volk – dies nicht selbst gesehen, nicht unmittelbar mitempfunden zu haben, werde ich stets für einen der größten Verluste meines Lebens achten. So überströmend, so trunken die Freude war, so fiel doch nicht die geringste Ausschweifung vor: kein Mensch, auch nicht einer wurde beleidigt; alles sprach nur mit oder ohne Worte aus:

»Wir wollen einig sein: ein einzig Volk von Brüdern;
In keiner Not uns fürchten, noch Gefahr!«[1]

Alle Häuser waren geöffnet; niemand dachte nur an Gefahr für sich oder seine Habe. Wer noch Lebensmittel hatte, trug sie heraus; selbst dabei sahe man kein gewaltsames Herandrängen und dergleichen, wie ausgehungert auch viele der Soldaten waren. Unter meinen Fenstern in der Klostergasse, wo, wie ich schon gesagt, nach mehren Trupps Preußen ein großes österreichisches Heer (vom Ranstädter Tore herauf), den edlen Kaiser Franz, höchst einfach, mit mildem Ernst, an der Spitze – nicht sowohl im Eilmarsch als in vollem, doch stets geordnetem Lauf dahinzog, war alles, alles nur Freude, brüderliche Eintracht, Preis Gottes. Dem Hause, wo ich wohne, sollte die Aufnahme und Bewirtung des Königs von Preußen zuteil werden; und ich brauche nicht erst zu erwähnen, wie freudig ich mit Weib und Kind mich in irgendein Hinterstübchen eingeschachtelt hätte; aber leider

---

1. [Schiller, Wilhelm Tell.]

fand man dann, es sei wenigstens ein größeres Zimmer nötig, als wir besitzen. – –

›Willst du dich denn nicht mehr mit uns freuen?‹ Du hast recht, liebes Weib! Ich komme sogleich. Gott befohlen also, alter Freund! – Mein schönes, liebes Connewitz soll recht eigentlich verwüstet sein. Vielleicht ist's übertrieben; aber wenn auch nicht und kann ich's auch nie wieder aufbaun: ich klage nicht mehr; gehöre ich doch unter die, von denen es heißt:

> Was auch das Schicksal ihm geraubt,
> Ein süßer Trost ist ihm geblieben:
> Er zählt die Häupter seiner Lieben,
> Und sieh, es fehlt kein teures Haupt –[1]

Und so: Gelobt sei Gott! – Damit gute Nacht, Freund!

Den 20. früh.

›Genießen Sie die Freude der Rettung der Stadt und des Siegs der gemeinsamen guten Sache; aber setzen Sie sich auch in Fassung, noch einige Zeit die Lasten gern zu tragen, die selbst aus dieser erwünschten Wendung der Dinge für Sie entspringen müssen und die auch der beste Wille nicht von Ihnen nehmen kann.‹ Das ohngefähr sagte Kaiser Alexander der Familie, die ihn zu beherbergen die Ehre genoß und die er sogleich, vom ersten bis zum letzten, an seine Tafel zog, mit sichtbarer Anstrengung sie deutsch unterhaltend, bis er bemerkte, man verstehe Französisch. – Schon diesen Morgen hatten wir Gelegenheit genug, die huldvolle Weisung gegründet zu finden. Mit den Abscheulichkeiten, womit viele abziehenden Franzosen, zum Teil wahren Mordbrennern gleich, sich und das Jahrzehnt gebrandmarkt, will ich das Papier nicht beflecken. Bloße Roheit und auch heftige Erbitterung vermag wohl kaum, außer etwa in den ersten leidenschaftlichen Momenten, was hier offenbar mit reifem Be-

---

1. [Schiller, Die Glocke.]

dacht, mit Raffinement – ich freue mich, dafür kein deutsches Wort zu wissen – getan war. Das können gewiß nur Menschen, die schon als Kinder an Raub, Zerstörung und Unordnung aller Art gewöhnt, dann aus einem Gemetzel in das andere getrieben wurden. Ich kenne freilich die Greuel des Kriegs in der Vorzeit, sie waren allerdings zum Teil noch viel schlimmer; aber wollte man auch den Unterschied des Verfahrens gegen Freund oder Feind, wie nun jetzt die Dinge standen, wenig geltend machen, so tragen sie doch, diese Greuel, das Gepräge grober Unwissenheit, roher Gedankenlosigkeit, tierischer Triebe, wilder blinder Wut; und wer wollte sich nun damit nicht eher aussöhnen, als mit jenem kalten Überdenken und Ausklügeln, mit jener geschickten Betriebsamkeit und Berechnung – kurz, mit jenem Raffinement? – Die Stadt, ohngeachtet sie von Soldaten so vollgestopft war, daß nicht nur in allen Straßen, auf allen Plätzen, sondern auch in den Höfen großer Häuser, namentlich dem meinigen, Mann an Mann stand (oder gar Pferd an Pferd und der Mann drunter) und nur Offiziere in Zimmer aufgenommen werden konnten; ohngeachtet dessen, sag ich, weiß man nicht das Geringste von Exzessen. Die Stadt war ruhig, bis sie – unruhig ward, vor neuem Schrecken nämlich.

Ich fühlte das Mißverhältnis zwischen einem überreizten Geist und erschöpften Körper zu peinlich, um fest schlafen oder hell wachen zu können, bis ich endlich doch nach Mitternacht in einen jedes Mißverhältnis auflösenden Schlummer versank. Nun stößt mein Schlafzimmer unmittelbar an das der Familie des Ratsbaumeisters, Herrn V**. Ohngefähr zwei Stunden mocht ich geschlafen haben, so hör ich stark und wiederholt an meine Wand pochen. Ich fahre auf und rufe noch in Betäubung: »Was gibt's denn?« – »Sehen Sie nur ans Fenster!« Ich springe hin – da schlägt gerade vor meinen Augen eine mächtige Flamme hell und prasselnd gen Himmel auf. Die Betäubung, aus der ich nicht kam, die sich vielmehr nur anders wendete, ließ mich die gewöhnliche Täuschung über die Entfernung nächtlicher Feuersbrünste, oder vielmehr, ließ mich alles vergessen, außer daß ich dorthin müsse. In einigen Minuten war ich vor dem Hause, mitten unter schlafenden Pferden und Menschen, in so rabenschwarzer Nacht, daß auch kein Schritt zu sehen war. (Die gewöhnlichen Laternen anzuzünden, hatte man weder Zeit noch Raum gefunden.) Ich tappte denn und stolperte, so gut ich konnte, vorwärts, kein Wachender begegnete mir. So kam ich ins innere Ranstädter Tor, wo ich zuerst wieder die Flamme erblickte und zugleich von der Wache erfuhr, die äußersten Häuser des Steinweges wären in Brand geraten. »Warum wird denn nicht gestürmt?« – »Es ist verboten.« – So komme ich durchs Tor – hilf Himmel, in welch einen Greuel der Verwüstung! Beim matten Schein der ausbrennenden, verlöschenden Wachfeuer biwakierender Haufen, die vor Erschöpfung in unbezwinglichen Schlaf versunken waren, sehe ich halb und halb, wie eben hier am ersten Eingang zur Stadt und wo am hartnäckigsten gefochten, der fliehende Feind am mächtigsten ergriffen, sein Fuhrwesen gänzlich zerstört war, der Boden überall bedeckt lag von einem Gemenge sterbender und gestorbener Menschen und Pferde, Kanonen, Pulverkarren, Wagen, Kriegsgerätschaften und dergleichen, so daß besonders ohne Licht, außer jenen trüben, fernen Feuern, schlechterdings nicht anders fortzukommen war, als gerade drüberhin. Der gewaltsam exaltierte Zustand, in dem ich war, ließ mich an gar keine Gefahr – an nichts denken, als daß ich helfen müsse (ich – mit nichts, als zwei verwöhnten Händen!); und so drang ich denn vor und vor, bis ich dem Feuer nahe war, aber diesseits dem Mühlgraben, da jenes jenseits war. Drüben war ein dumpfes Lärmen und hastiges Widereinanderlaufen; jedermann hatte nach der erschöpfenden Unruhe der letzten Tage im festesten Schlafe gelegen und war urplötzlich aufgeschreckt worden. Ich will hinüber, und suche und suche nach den Brücken: die waren ja aber von den fliehenden Franzosen sämtlich zerstört! Da stand ich denn – das etwas alberne Bild ungeschickten, menschenliebigen Enthusiasmus – und gaffte und stampfte; indes zum Glück mein besonnener Wandnachbar und mehre andere für unsre Löschanstalten verpflichtete Männer, viel klüger und gewandter als ich, einen Weg hinten vom Lazarett her gefunden, durch die Gärten gedrungen und mit ebenfalls auf diesem Wege herbeigeführten Spritzen schon in voller Tätigkeit waren. Aber es fehlte noch an Arbeitern und Wasser; ich hörte das Geschrei nach beiden. So stolperte ich, wie schnell irgend möglich, zurück, Lärmen in der Stadt machen zu helfen. (Ich – mit meinem Stuben-Baritono!) Im innern Tor komme ich eben dazu, als fünf oder sechs Reiter hinauswollen, deren erster der Wache in recht gutem Deutsch zuruft, er sei der Platzkommandant. »Mein Herr, nur Licht und Raum und die Sturmglocke: da weiß hier jedermann, was er zu tun hat!« So rief ich ihm zu; er aber, mit ganz anderer Stimme, schnauzte mich an: »Glaubst du denn, daß ich's zum Spaß verboten habe?« – »Nein; aber damit die Herrschaften nicht erschreckt werden!« – »Den Teufel, mein Kaiser wär der erste dabei! Aber dann rennt die ganze Armee herzu, und alles verstopft sich, und die ganze Pastete brennt zusammen!« – Damit fort; ich aber stand zum zweitenmal verblüfft, und aus demselben Grunde, ut supra. – Wie wahr aber der dickbärtige Mann gesprochen hatte, zeigte sich bald, indem selbst ohne Sturmglocke die Herren Russen, haufenweis aneinandergedrängt, mit Pferden und Piken herbeikamen, die ganze Passage versperrten, so daß keiner auch nur einen Schritt weiter konnte und nun sie, gelassen genug verweilend, mit gelindem Fluchen wechselweise auf die Flamme und auf die Verwirrung blickten. Als nun auch nach langer Weile einiger Raum geschafft ward und wenigstens ein Teil von ihnen in Bewegung, doch darum noch nicht eben in Tätigkeit gesetzt ward, zeigte sich zwar ihr herzlich guter Wille, aber verbunden mit höchstunerfahrner, ungeschickter Handfestigkeit, mithin viel weniger nützlich als komisch, so daß man's lachend hätte genießen können, wäre man vor Mitleid und Sorge dazu gekommen. Mehre faßten mich um den Arm (das Küssen haben sie sich seit der Schlacht bei Lützen abgewöhnt, sowie viele einiges Deutsch erlernet), indem sie in mich hineinschrien: »Sieh's Franzos! Kujon, Franzos! Aber kaputt Franzos! Hurra!« Andere, die nicht so gelehrt waren, wußten wenigstens zu sagen: »Bruder! äh, Bruder!« –

Nach fünf Uhr kehrte ich zurück, die Meinen zu beruhigen;

dem Feuer waren die Kräfte gebrochen, die Lösch- und Hülf-Anstalten in geordneter Tätigkeit. Nur drei Häuser sind niedergebrannt, das vierte ist sehr beschädigt. Der Haß ruft: abziehende Franzosen haben es angelegt. Ich weiß es nicht; aber verdammen kann man seine Beschuldigung wenigstens darum nicht, weil man wirklich in mehren Ställen, auf Böden usw., gleich nach ihrem Abzug, Brennmaterialien gefunden hat und an verschiedenen Spritzen, die während des Sturms auf die Stadt hervorgefahren waren, Röhren und Eisenwerk losgebrochen und weggenommen war – was man erst entdeckte, als man diese Spritzen mit größter Mühe zum Feuer geschleppt hatte und nun nicht brauchen konnte. Mag jenen Raub Tücke oder Habsucht verübt haben: er bleibt eine um so greulichere Schändlichkeit, je mehr er Bedachtsamkeit voraussetzte und je mehr Mühe und Fleiß er nötig machte. –

Nachmittags.

Das Innere der Stadt fängt an, sich soweit zu ordnen, als es bei solcher Enge und Menge möglich sein mag; das Äußere, die Vorstädte und Alleen, selbst nur von Leichnamen der Menschen und Tiere zu reinigen – daran ist noch kaum zu denken; und möchte es nur erst möglich werden, allen, die verstümmelt und hülflos unter Leichen liegen und kriechen, Obdach und Hülfe zu schaffen! – Von den Straßen dampft ein scharfer, verpestender Qualm der Exkremente von Menschen und Pferden herauf in die Zimmer, der um so ekelhafter und verderblicher werden muß, da unsre Häuser so hoch, unsre Gassen so eng, der freien Plätze so wenige sind. – Aus Gärten und der weitern Umgebung überhaupt höre ich noch immer einzelne Schüsse von versteckten Feinden fallen. –

Die siegreichen Monarchen gehen mit wenig Begleitung zu Fuß umher, um aufzumuntern, Ordnung zu erhalten usw. Ich begann gegen Mittag meine Runde bei Verwandten und Freunden, um zu sehen, ob und wie sie leben. Ich fand alles so wohlbehalten, als unter diesen Umständen irgend zu hoffen; auch alles voll guten Muts und getrost in Hoffnung. Bei meinem wakkern Schwager R** wohnt der Generalleutnant von Thielmann. Er kam einige Minuten herüber und sahe die Reste des Frühstücks stehen. »Was?« sagte er scherzend zur Frau vom Hause; »Sie haben Kaffee mit Sahne getrunken? So sind Sie reicher als der Kronprinz von Schweden, bei dem ich vorhin war und dem man diese nicht schaffen konnte.« – Nach einer Weile sahe ich aus R**s Wohnung (am Markte) den Kaiser Alexander, nur von sechs bis acht Herren begleitet, durch die dichten Reihen seiner Krieger auf und ab wandeln. Man kann sich mit heiterm Wohlwollen wohl nicht mehr Haltung und Würde vereinigt – man kann sich überhaupt wohl kein einnehmenderes Fürstenwesen denken, als er zeigt. (Seit er zu jener leidigen Versammlung in Erfurt reisete, hatte ich ihn nicht gesehen; er ist beträchtlich stärker und viel ernster geworden.) Unbeschreiblich sind die originellen, höchstlebendigen, unverkennbaren und tausendfältigen Zeichen herzinniger Ergebenheit und vertrauensvoller Huldigung seiner Krieger gegen ihn. Wo ihr Jubel laut werden wollte, wendete er es freundlich ab; vielleicht aus Schonung gegen unsern König und die Seinen, der – Gott weiß, wie uns, die wir alle ihn verehren und lieben, dies schmerzt – am Markte einsam und verlassen wohnt. Alexanders Blicke waren nach allen Seiten den Seinigen huldvoll zugewendet, mehren Offizieren nickte er besonders freundlich zu; ein alter Anführer, der Kleidung nach der Kosaken, fiel ihm in der gedrängten Reihe der Soldaten, eben in unsrer Nähe, ins Auge; auf diesen eilte er einige Schritte zu, redete ihn lächelnd an, und da dieser, wie es mir wenigstens schien, von Freude bezwungen, niederfallen wollte, faßte er ihn schnell bei beiden Händen und schüttelte sie ihm derb und kräftig: da ließ denn der Jubel der Umstehenden sich nicht mehr zähmen – – Freund, wie wenig bedarf ein Fürst, um das Volk zum frohesten Enthusiasmus in Verehrung und Liebe zu entflammen, wenn er – dieses beides schon besitzt! Aber beides zu erlangen, das mag für den, der nicht dazu geboren, in dieser Zeit wohl auch schwerer sein, als wir andern zu glauben pflegen. Vorzüge des Geistes und Charakters, selbst Taten tun's beim Volke wie bei Weibern wahrlich nicht allein, vielleicht nicht einmal zunächst. Alexander scheint geboren und auch erzogen, die Herzen des Volks zu gewinnen, und so mag das ihm ebenso leicht und natürlich sein, als manchem andern schwer oder unmöglich. Man hat so viel vom Glück oder Unglück auf Thronen gedichtet, geklügelt, gefaselt: hier, eben hier möchte wohl der Mittelpunkt liegen –

Selig, welchen die Götter, die gnädigen, vor der Geburt
schon
Liebten, welchen als Kind Venus im Arme gewiegt,
Welchem Phöbus die Augen, die Lippen Hermes gelöset,
Und das Siegel der Macht Zeus auf die Stirne gedrückt!
Ein erhabenes Los, ein göttliches, ist ihm gefallen:
Schon vor des Kampfes Beginn sind ihm die Schläfe
bekränzt.
Ihm ist, eh er es lebte, das volle Leben gerechnet,
Eh er die Mühe bestand, hat er die Charis erlangt.
Groß zwar nenn ich den Mann, der, sein eigner Bildner
und Schöpfer,
Durch der Tugend Gewalt selber die Parze bezwingt:
Aber nicht erzwingt er das Glück, und was ihm die Charis
Neidisch geweigert, erringt nimmer der strebende
Mut. – –[1]

Übrigens konnte unsereinem aus seiner tiefen Ferne bei jenem Anblick wohl einfallen, es möge das Gefühl, also Sieger zu sein und also als Sieger gefeiert zu werden, etwas fast Übermenschliches – könne aber ebendarum auch etwas Gefährliches haben, wo nicht für den Gefeierten, doch für die Welt. –

König Friedrich Wilhelm ging wenig aus, zunächst aber in die Niclaskirche. Hier versprach er, wie sehr auch die Umstände drängeten – diese schöne, jetzt unsre einzige Kirche, solle uns unversehrt bleiben. – Den Kronprinzen von Schweden sahe ich

---

1. [Schiller, Das Glück.]

ebenfalls, umgeben von nicht wenigen vornehmen Offizieren, sehr lebendig, heiter, feurig. Diese ganze Bildung, Gestalt und Haltung, dies gesamte Benehmen und besonders dies schnell bewegliche, geistvoll umherleuchtende Auge – welch eine, von jenen beiden ganz verschiedene, recht, aber im schönsten Sinn französische Individualität! – Der ritterliche, heroische Ponia-towski ist wirklich, wie es gestern das Gerücht verbreitete, in der Elster am Reichenbachschen Garten mit mehren seiner kühnen Polen ertrunken. Man hat seinen Leichnam gefunden und ziehet überhaupt noch immer viele Verunglückte aus unsern Gewässern. – –

Die Hungersnot kann uns noch Schreckensszenen bereiten, wird ihr nicht bald abgeholfen. Wie soll man dies aber? Mehre Meilen rund um die Stadt ist alles teils aufgezehrt, teils verwüstet oder fortgeschleppt. Feldmarschall Blücher hat auffordern lassen, die Soldaten satt zu machen – womit es auch sei; sie müßten und würden vorlieb nehmen, aber satt werden müßten sie auch; sonst sei er genötigt, zu verstatten, daß sie überall selbst nach Lebensmitteln suchten. Das ist gewiß ebenso gerecht als gemäßigt; und wahr ist es, nicht nur der gemeine Mann, auch die Vornehmern sind mit allem zufrieden, was nur den dringendsten Bedürfnissen abhilft – gleichwohl, man muß ja doch haben, um zu geben! Und würde jenes Angedrohete erfüllt: wer könnte schaffen, daß die Suchenden dem Reize nach gar manchem andern widerstünden oder, fänden sie gar nichts, den Unmut nicht hindurchbrechen ließen? Doch wir tun, was möglich – da wird ja Gott helfen! – –

Und eben kam ein Freund mit der Nachricht zu mir (es ist fünf Uhr), es gehen große Züge des Heeres fort, den Franzosen nach. Das ist ja schon einige Hülfe! – –

Daß sich Gerüchte über Gerüchte häufen, weil nun freilich die Leute auch begreifen wollen, was sie erfahren – das denken Sie sich ohne meine Versicherung. Es sei genug, eines anzuführen, das, ist es wirklich erst in das Faktum hineinexegiert, keinen üblen Hermeneutiker verrät. Die verbündeten Fürsten und ihre Heerführer, sagt dies Gerücht, haben durchaus nicht gewußt, daß Napoleon gestern vormittags noch in der Stadt war; sie sind vielmehr durch falsche Nachrichten, die man französischerseits ausgesandt, damit sie aufgefangen würden, getäuscht und der Überzeugung worden, er führe ein Korps bei Borna usw. hinüber. Dieser Täuschung verdanke er seine Rettung, wie die Stadt die ihrige; denn ihn zu fangen, würde man sonst alles drangesetzt haben, wie er, sich nicht fangen zu lassen – was dann beides uns hätte zugrunde richten müssen. Jetzt will man wissen, er denke sich zur Vereinigung mit Davoust durchzuschlagen, der zwischen 40 und 60000 Mann herbeiführe, aber wenig Franzosen, sondern Holländer, Westfalen und andere Deutsche – die denn hoffentlich drüben auch nicht länger stehen werden, als bis sie herüberkönnen. –

Unsere schönen Spaziergänge um die innere Stadt sehen aus – wenigstens soweit ich sie noch betrachten können, nämlich vom Schloß- bis zum Ranstädter Tore – wie ein Schlachtfeld. Nur große, starke Bäume, an denen die eilige Axt verzweifelte, stehen noch. An ein Säubern kann man noch nicht kommen, nur die Eingänge der Tore hat man freigemacht und von den verwundet Umherliegenden so viele untergebracht, als bis jetzt möglich. Aber leider liegen auch noch viele umher. ›Wie? und Sie sitzen still und schreiben?‹ Ja, ich sitze still und schreibe, weil mein erschöpfter Körper nicht mehr fort kann und doch vom gewaltsam bewegten Geist nicht zur Ruhe gelassen würde, gäbe ich nicht diesem etwas dabei zu tun. –

Gegen Mittag kam ich zu einer Szene, die ich leider wohl nie aus meiner Phantasie loswerde und die auch mir, wie allen Anwohnern der Thomaskirche, leicht verderblich werden konnte. Diese Kirche ist schon seit geraumer Zeit ein Hauptlazarett der Franzosen, besonders ihrer Ruhr- und Nervenkranken, und von diesen gestopft voll. Nun war in einer der großen Nebenkapellen eine Menge Tornister, Lederwerk, Patronen und dergleichen aufgespeichert. Jetzt will ich eben aus dem Hause gehen, als ich einen einzigen, sehr starken, doch mehr hohl als hell – einen ganz eigen lautenden Krach vernehme. Ich eile hinaus; alles drängt nach dem Kirchhofe, aber niemand weiß noch, was es gegeben.

Ich werde vom Strome mit fortgetragen bis in die Nähe der Kirche: da zeigt sich's. Gott weiß, durch welchen Zufall war in jene Kapelle Feuer gekommen; was Pulver enthielt, hatte sich mit eins entzündet: das Dach der Kapelle und ein Teil der Seitenmauer war in die Luft geflogen. Da aber der Platz ganz frei ist und die Kapelle leicht gebauet, so ist weiter kein Unglück erfolgt. Gräßlich hingegen war der Anblick, wie die elenden, kaum Lebenden ähnlichen Kranken, gleich Haufen von Gewürme, einer über den andern herauskrochen, weil sie nicht wußten, was vorgehe. Alles Erläutern war umsonst, sie mußten mit Gewalt zurückgetrieben werden; es war der greuelvolle Gedanke unter sie gekommen, man wolle die Kirche mit ihnen in die Luft sprengen, um sie nicht länger ernähren zu müssen. – –

Unser guter König, da er im Moment der ersten Vereinigung der Monarchen nach Eroberung der Stadt auf dem Markte sich nicht zu ihnen gesellete, ist kriegsgefangen erklärt, ohngeachtet er seit Napoleons Abschied kundtat, er werde keinen der Seinen hindern, wenn er zu den Verbündeten übergehen wolle, und ohngeachtet er – das wollen wenigstens Männer wissen, die das allerdings wissen können –, sobald die Monarchen in ihren Wohnungen angekommen waren, sie und zuerst den Kaiser Alexander habe besuchen wollen. Dieser Besuch sei aber abgelehnt worden. Später besuchte indes der Kaiser Alexander die Königin. Man sahe sie, nachdem er sich entfernet, wie in Tränen aufgelöset; und ein starker Trupp russischer Leibgarde ward am Königshause zur Bewachung der hohen Personen aufgestellt, der denn auch in der glatten, höchsteleganten Uniform, einer dichten Mauer gleich, dasteht. Kein Besonnener von uns wird sich erlauben, über den innern Zusammenhang dieser Anwendung des Völker- oder Staats- oder Kriegsrechts abzuurteilen; wie könnten wir das auch, da uns noch alle nicht offenliegenden Gründe und Motive zu einem Urteile fehlen; aber daß diese Strenge auf die Bürger einen Eindruck gemacht hat, wie er sein mußte, schwerlich aber beabsichtigt war – das ist nicht zu verkennen. Keiner hält nicht nur sein Mitleid, sondern seine liebevolle Teilnahme überhaupt mehr zurück; diese ist vielmehr bei

vielen ebendadurch – ich will nicht sagen, erst wieder recht leb-
haft erwacht, sondern nur zum recht klaren Bewußtsein oder, wie
der Asket sich ausdrückt, zum Durchbruch gekommen. Selbst
bei denen, welche glauben, wir werden nun um deswillen mehr
und länger leiden müssen, ist dies der Fall; ich bin aber keines-
wegs dieses Glaubens, und keiner ist es wohl, der die Charak-
tere der entscheidenden Monarchen nur einigermaßen kennet,
und weiß, auch in seinem eigenen Innern fühlt, wie Ereignisse,
wie Wunder, dergleichen wir und sie jetzt erfahren, hoch über
alles, was Nebenrücksicht und dergleichen heißen mag, erheben. – –

Morgen, so ist es versprochen und möglichst vorbereitet, soll
die Stadt und deren nächste Umgebung wenigstens von dem
gesäubert werden, was Seuchen erzeugen müßte. – General Bertrand, unser ehemaliger Kommandant, dem wir für gar manches
Gute und für die Abwendung noch viel mehrern Übels sehr
dankbar sein müssen, hat sich mit andern geachteten französischen Generalen und Obersten kriegsgefangen ergeben. Sie werden sehr anständig behandelt. Auch Lauriston und Regnier sind
gefangen. – –

Den 21. vormittags.
Preußisches Fuhrwesen bringt einen nicht unbeträchtlichen Vorrat Furage, aber kein Brot, keinen Branntwein; und der Mangel
bei den Einwohnern wie die Ungeduld bei den Soldaten nimmt
beängstigend überhand. – Man hört seit früh die Kanonade von
Naumburg her, ist aber in der Stadt über den Erfolg ganz ruhig
und sicher. Geb es Gott, daß man Grund genug dazu habe;
denn käme Napoleon oder kämen gar einzelne Haufen seines
Heeres hieher zurück – das Unglück für uns wäre nicht abzu-
sehn, wenn auch die allgemeine Sache Deutschlands und der
Verbündeten dadurch kaum aufgehalten, aber nicht gestört würde. Bei Erfurt stehet eine starke Armee, Napoleon zu empfangen; und bei Frankfurt sammlet sich schon eine zweite – wodurch denn auch die Verbindung mit Davoust ihm unmöglich

gemacht werden wird; dies behauptet man wenigstens als zuverlässig, und es findet um so leichter Glauben, da es mit Ruhe, ohne Übermut, ohne Verachtung oder Schmähung des Feindes und seiner Kräfte – kurz, auf eine Weise behauptet wird, die der französischen, uns Deutschen so verhaßten und doch aufgedrungenen Weise geradezu entgegengesetzt ist. – Die uns Leipzigern so *teuer* Herren, der Herzog von Padua und Herr Bacher – sonst berühmter ›Bürger‹, jetzt, ich weiß nicht gleich, was – diese sollen sich versteckt noch hier aufhalten; bisher hat man aber vergebens nach ihnen gesucht, und es ist wohl auch kaum glaublich, daß eben sie, wozu es nun sei, hätten zurückzubleiben wagen sollen. –

Bei der Fortsetzung meiner Runde, mich persönlich vom Geschick meiner Freunde zu unterrichten, kam ich vorhin auch zur **schen Familie. Eben war das Bennigsensche Korps Russen fortgezogen, und sein Stab hatte sich bei diesem vielgeehrten Feldherrn beurlaubt, indes die vor dem Hause versammlete Schar wahrhaft rührende Nationallieder anstimmte. Der Feldherr folgte nun und nahm einen äußerst verbindlichen Abschied von dieser würdigen Familie, wobei er scherzend der Frau vom Hause das jetzt sehr hoch zu schätzende Geschenk eines feinen, weißen Brotchens, wie man es sonst hier etwa für einen Groschen, jetzt aber um kein Gold erhält, machte. Meine Blicke mochten vielleicht etwas Sehnsüchtiges verraten: das Brotchen ward geteilt, und ich bekam für meine Frau eine schöne Hälfte, die ich denn auch, aufs sorgsamste eingepackt, um den Neid nicht zu reizen, nicht ohne frohen Triumph nach Hause brachte. – Wie reich wäre der Mensch, wenn er es zu sein nicht so leicht gewohnt würde! – –

Die naive Ehrlichkeit der Kosaken, allerdings unterstützt durch gewisse eindringliche Hülfsmittel ihrer Vorgesetzten, führt, zusammengeflossen mit ihrer überaus innigen Liebe, zu gar manchem, was andere Leute besitzen, originelle, äußerst komische Geschichten und Situationen herbei. Vornehmlich in den Vorstädten dringen sie, wie die Russen überhaupt, in kleinen Gesellschaften gern in die Häuser und beginnen mit großer

Freundlichkeit meist in Versicherungen: ›Kosak, gut Mann! Bruder, Kosak nix nehmen!‹ Nun fällt ihnen aber alles auf, ihre Blicke haften bald auf dem, bald auf jenem; und unter Wiederholungen jener Versicherungen – schenken sie sich's. ›Bruder, gib Kosak das – gib Kosak jenes‹ – und indem sie die Bitte noch aussprechen, ist das Ding in ihrer Tasche. Doch fallen sie nicht auf das Kostbarere, um es zu verschachern, sondern kindlich auf das, was sie zu brauchen denken, oder kindisch auf das, was bloß den äußern Sinn reizt, wovon sie sich dunkel ein Vergnügen versprechen, ohne es zu kennen und dergleichen mehr. Zu *** kommen sechs bis acht Mann, da er eben mit den Seinen bei Tisch sitzt. Unter obigen, immerfort wiederholten Versicherungen eignen sie sich mit herzlichem Händedrücken nichts zu, als alle aufgelegten Bestecke. Bei ***, der eben seinen Saal vollends ausräumt, fallen andern auf dem Billard die Bälle in die Augen; scherzend, mit freundlichen Bitten darum, flehen sie zulangend um diese Kugeln, um nichts als diese Kugeln – gewiß nicht, weil sie denn doch schon von einigem Wert sind, sondern weil sie rollen. – Auf der Straße sind sie noch bescheidener, und da gilt auch eine Gegenvorstellung. Als ich vorhin über den Markt durch ihre Reihe gehe, tätscht mich etwas von hinten ziemlich derb auf die Schulter, ich sehe mich schnell um. »Äh«, sagt einer von drei Russen, die vereinigt stehen – »Ah, schön' Rock! Bruder –!« und nun eine leicht verständliche Geste. »Den brauch ich selbst, Bruder! und dir ist er zu eng!« – »Äh gut – gut« – und dies so freundlich gesprochen, als jenes. – So leben wir mit ihnen gewissermaßen im Naturstande, der, wenngleich sein Verschnupfendes und Unbequemes, doch wirklich auch sein Unschuldiges und Ergötzliches hat. Anders, und weder unschuldig noch ergötzlich, fallen nicht selten, besonders in den Vorstädten, deutsche Landsleute ein und aus. Ich will Bedeutenderes, das mir vorgekommen, mit dem Mantel christlicher und vaterländischer Liebe bedecken; eine charakteristische Bagatelle sei auch hier genug! Zu dem guten *** poltert ein -scher Sergeant, oder so was, in seine einsame, nette Junggesellenwohnung. »Sackerment; hier müssen Franzosen versteckt sein! Gestehn Sie's nur, und

heraus damit!« – »In meinen Zimmern ist kein lebendiges Wesen, außer mir und dieser meiner Köchin. Glauben Sie mir, oder
suchen Sie selbst.« – »Das will ich; bei meiner Seele, das will
ich!« Und nun fährt er herum, ohne jedoch eben genau die Plätze
zu beobachten, wo allenfalls ein Mensch stecken konnte. Dann:
»Hier, der Schrank – schließen Sie mir den Schrank auf!« –
»Recht gern; Sie finden aber nichts, als gebrauchte Kleider!« –
»Das wollen wir sehen! geschwind!« Der Schrank wird geöffnet, der Held wirft einen Blick hinein, und da er freilich keinen Franzosen findet, fährt er im vorigen bramarbasierenden
Tone fort: »Na, sackerment, so will ich derweile – die Weste
mitnehmen!« – Damit steckt er sie in seinen Busen und geht flu-
chend ab. –

Da ich einmal in Anekdoten geraten bin, stehe hier auch noch
die vom Abschiede des französischen Herrn Kriegskommissärs,
der bei mir einquartiert war und dessen früher mehrmals gedacht worden. Den 19., etwa von neun Uhr an, fing auch er an
unruhig und eilig einzupacken, indes seine Worte noch immer
die alten, prahlenden blieben und er namentlich auch meiner
Frau, mit der er auf dem Vorsaale zusammentraf, artig genug
versicherte: sie möge ganz ruhig sein, es werde alles gut gehen,
sein Kaiser schütze die Stadt und er das Haus. Seine Habselig-
keiten füllten ein großes Felleisen; eine elegante Uniform und
ein überfeiner, dunkelblauer Tuchmatin wurden über den Stuhl
gehangen. Jetzt, sagte er mir, müsse er zu seiner Behörde; es
könne geschehen, daß er mit dieser in ein anderes Standquartier
beordert werde; dann wolle er zuvor selbst zurückkommen,
seine Sachen abzuholen, oder diesen seinen deutschen Bedienten
deshalb zurücksenden; ›andern möge ich sie ja nicht aushändi-
gen – bei Verantwortung und Ersatz‹. Damit ging er, es war
zwischen neun und zehn Uhr. Zwischen zehn und eilf Uhr kömmt
dieser sein Bedienter, die Sachen abzuholen, die ihm denn auch
nicht vorenthalten werden; zwischen eilf und zwölf Uhr kömmt
der Kommissär atemlos zurück: »Ist mein Bedienter hier gewesen?« – »Allerdings; er hat Ihre Sachen abgeholet.« – Er stürzt
verwünschend fort; und nach ein Uhr – die Stadt war eben ein-

genommen und das Haus noch verriegelt – kömmt dieser Bediente an dasselbe zurück, begleitet einen vornehmen deutschen Offizier, in dessen Dienst er urplötzlich getreten; weiset diesen ins Haus, reitet eines der schönen Pferde seines vorigen Herrn, hat den feinen Matin um sich, nach der Physiognomie des Felleisens zu urteilen, auch dies in Sicherheit gebracht; und als meine Leute erstaunet ihm nähertreten, rühmt er dem neuen Herrn uns Bewohner des Hauses und flüstert jenen zu: »Ja, im Kriege ändert sich's schnell mit dem Menschen!« –

Von der nicht genug zu preisenden Genügsamkeit eben der gebildetsten und vornehmsten Offiziere der Alliierten – in welcher ihnen freilich ihre Monarchen selbst mit gutem Beispiel und einige heiter scherzend vorangehen – führe ich nur einen Beweis aus meiner Nähe an. Zu einer ehrwürdigen, bejahrten Matrone kömmt ein russischer Graf mit seinem Bedienten – gern nennete ich ihn, hätte die Dame nicht seinen Namen vergessen – und bittet um Quartier und was sonst ihm höchst nötig. »Ich habe alle meine Einquartierung schon angewiesen bekommen und außer meiner Wohnung versorgt«, sagt sie, der Wahrheit gemäß; »ich bin hier mit einem Dienstboten allein, meine Nahrungsmittel sind bis auf einen kleinen Vorrat Erdäpfel aufgezehrt.« – »Ich glaube das alles gern«, antwortet er; »aber seit vier Tagen habe ich kein ordentliches Unterkommen gefunden, bleibe höchstens bis übermorgen früh, nehme mit allem vorlieb; wollen Sie mir das verweigern?« – »Da sei Gott vor; aber nur eine Stube und ein Bett kann ich Ihnen geben« usw. »Alles gut!« Er richtet sich ein, schont die Frau vom Hause auf alle ersinnliche Weise, der Bediente liegt vor seiner Tür auf der Diele, beide genießen den Abend und folgenden Mittag und Abend: Erdäpfel und wieder Erdäpfel, nur in verschiedenen Gestalten, und ziehen dann mit Dank und fröhlich weiter. – Welch ein Kontrast gegen das, was wir sonst, selbst vom geringsten französischen Troßbuben erleiden mußten! –

Im Hofe und im Vorhause des Gebäudes, wo ich wohne, liegen mit ihren Pferden 42 Mann Schweden. Will ich mir das Herz laben, so sehe ich diesen Männern – fast Riesen der Gestalt nach und in der Gesichtsbildung beinah alle nach einem Schnitt – in ihrem stillen, bedachtsamen, bescheidenen und brüderlichen Tun und Wesen ein Weilchen zu. Als dieneten sie unter Gustav Adolf, so kommen sie mir vor. Es fehlt ihnen fast an allem; keine Klage, keine Beschwerde, nichts Unfreundliches wird gehört. Sie geben sich, werden sie nicht besonders aufgefordert, mit niemand ab, sondern sind bloß unter sich; und auch das ohne alles Geräusch, ja fast ohne ein lautes Wort. Was man ihnen gibt, viel oder wenig, gut oder schlecht, das nehmen sie mit ruhigem Dank an und teilen es unter sich, bekäme auch der, dem es doch zunächst gebracht worden, nun kaum einige Bissen. Ehe einer an sich denkt, muß sein Pferd versorgt sein. Mit diesen Tieren stehen sie in wahrhaft traulichem Verhältnis, wie diese mit ihnen; gerade so, wie das Freund Fouqué so anmutig zu schildern pflegt. Kommen ihrer einige, die nach Furage gesandt, mit dem wenigen zurück, was sie haben erhalten können, so treten sie zusammen, einige machen gleiche, wenn auch noch so kleine Teile, und nun trägt jeder den seinigen dem lieben Tiere zu, mit guten Worten ersetzend, was an Nahrung gebricht. Angeredet, geben sie gelassen anständigen Bescheid, ohne sich aber in mehr, als dazu nötig, einzulassen. Am frühen Morgen sitzen die meisten auf der Erde, auf den Treppen usw. und lesen in ihren kleinen Psalmbüchern. Sie halten sich, wie ihre Pferde, sehr reinlich und verrichten das dazu Nötige still und möglichst verborgen. Kömmt einer ihrer Offiziere zu ihnen, so gibt das kein Aufheben, so wenig Scheu als Zudringlichkeit, so wenig Verschlossenheit als Geschwätz; ruhig und anständig spricht er zu ihnen, ruhig und anständig antworten sie. Über ihre vielen Gefallenen sprechen sie mit wenigen frommen Worten und ohne alle Klage; selbst über die verwundeten Brüder sagten mir, die ich befragte, kaum etwas mehr als: »Gott wird für sie sorgen«, und über ihren Kronprinzen: »Er hat uns gut geführt, und das Volk ist ihm lieb.« – – Ach, der armseligen Pinseler, die da glauben, mit Schilderung düsterer Burgen, eisiger Flächen, bärenstarker Körper und dergleichen Zubehör zugleich den Sinn, das Wesen, das Tun nordischer Völker geschildert zu haben, ebenso wie vor einigen Dezennien mit den weiten Humpen, schwarzen Wäldern und Pfaffenteufeleien das deutsche Mittelalter! –

Den 22. früh.

Vor meinen Fenstern ziehen seit etwa einer halben Stunde Regimenter, vornehmlich russische, vorüber, dem Heere nach, das gestern bei Weißenfels ein sehr glückliches Gefecht geliefert hat, das auch eine Schlacht genannt wird und worin besonders viele Gefangene gemacht worden sind. Napoleon soll sich nun bei Dornburg über der Saale festzusetzen suchen; Alexander, der Kronprinz von Schweden, Schwarzenberg usw. sollen heute ihr Hauptquartier in Eisenberg haben. Man erwartet eine wichtige, wahrscheinlich entscheidende Schlacht. Ohngeachtet der großen Überlegenheit der Verbündeten wird sie sehr viel Blut kosten, da Napoleons Stellung, läßt man sie ihn fassen, vorteilhaft ist, und was ihm treu geblieben, nun für das Letzte kämpft. Zum Überfluß hat er (schon vor der Schlacht bei Leipzig) unter seinem Heere verbreiten lassen, alle Gefangene würden von den Barbaren mit abgeschnittenen Ohren und aufgeschlitzten Nasen nach Sibirien geschickt, wo noch viel mehr Hunger und Kälte herrschten, als von Moskau her; wer aber verwundet gefunden würde, dem risse man den Leib auf und ließe ihn so verschmachten. Unwissend in allem, was nicht französisch ist, jedes Äußerste liebend, von Erbitterung gegen die Sieger, von blindem Glauben an den Kaiser erfüllt, wie der gemeine Franzose ist, war das allgemeine Meinung unter dem Heere; wahrscheinlich war es auch wenigstens eine Hauptursache, warum selbst vereinzelt die Besiegten sich fast nirgends ergeben und viele, wenn sie sich verschossen, lieber schnell auf der Stelle umkommen wollten. (Mehre Brüderschaften hatten untereinander ausgemacht: fiele einer schwer verwundet, so sollten ihm die andern sogleich vollends den Rest geben.) – Verderblich für Napoleon müßte nun wohl auch der Mangel an grobem Geschütz und Munition sein. Schon hier, wie ich neulich erwähnt, fehlte es an dieser; und wieviel von jenem hier und in der Umgegend gefunden worden, könnte man nicht glauben, sähe man's nicht einbringen und in mehrfachen langen Reihen aufstellen. – Es ist schlechterdings nicht übertrieben, vielmehr aufs genaueste nachgewiesen und von allen Parteien eingestanden, daß an jenen entscheidenden Tagen in und um Leipzig eine halbe Million Krieger zum Kampfe gekommen ist. – –

Der nun erschienene Armeebericht vom 19. scheint mir musterhaft in Wahrheit der Angaben, und in Einfachheit, Klarheit und Würde der Darstellung. Ebenso mußte er sein, um den erwünschten Eindruck zu machen, den er nun, und bei Lesern aller Art, wirklich macht; ebenso, nicht nur ohne französischen Haß, Trug und Übermut, sondern auch dem Feinde Recht erweisend, eigene Nachteile bekennend und in der Darstellung nicht am einzelnen mit Hohn, Necken und Prahlen klebend, wie selbst die bessern Berichte der Franzosen, sondern nach Übersicht des Ganzen, nur ins Große gearbeitet. Aus diesem Bogen, der Ihnen bald genug zukommen wird, mögen Sie nun auch manche meiner früher hier gegebenen Notizen berichtigen und näher bestimmen, mögen mein Vereinzeltes zusammenstellen, mein höchst Unvollständiges, besonders über den 18., eben den entscheidendsten Tag, ergänzen. Doch werden Sie finden, daß, wieweit mein Auge und Ohr reichte, ich beide achtsam angewendet habe. Auf A. W. Schlegel, der in der Umgebung des Kronprinzen von Schweden hier war, hat der Geist der großen Zeit tief und groß gewirkt. Seine sowie Moritz Arndts jetzige schriftstellerische Wirksamkeit scheint von vielem Einfluß, Schlegels aber weniger öffentlich und volksmäßig als Arndts, dessen populäre Kompositionen in gewaltigen Pfundnoten einfach und gewichtig einherschreiten, von der Menge begierig gehört, leicht gefaßt und wohl auch bald nachgesungen werden. Zuweilen wohl ein Hieb über die Schnur, doch das wird sich schon ausgleichen! – –

Meine musikalische Metapher führt mich zu dem zurück, womit ich heute anfing. Als nämlich vorhin die Heereszüge vor meinen Fenstern vorübergingen, konnte ich auch, gewissermaßen in allgemeiner Übersicht, die neue Feldmusik der Verbündeten beobachten. Wie ganz entgegengesetzt unsrer bisherigen, besonders der sächsischen Militärmusik, von welcher die ältere im

ganzen schleppend und trivial, die neuere charakterlos und kün-
stelnd war! Jene neue, und zwar Gesang, Trommeln und Instru-
mentalmusik – wie sie die bezeichnendste ist, ist auch die leben-
digste und wirksamste. Ebenso – im wesentlichen nämlich – hatten's und machten's auch die Alten; eben damit wirkten sie so,
daß es in ihren Nachrichten fast fabelhaft scheint. Die Kommen-
tatoren derselben verstanden aber meist keine Musik, nicht einmal die alten Instrumente, sondern konnten die Tonkunst ihrer
Tage nicht vergessen, legten den griechischen Kunstausdrücken,
die, wie Sie wissen, zwar in die neue Musik, aber in ganz ver-
schiedener Bedeutung herübergenommen worden sind, den neuen
Sinn unter usw.; die Musiker aber, die darüber, hätte man sie geleitet, allenfalls würden Auskunft haben geben können, konnten
die Alten weder lesen noch verstehen, wurden auch nicht ge-
fragt. Ich habe sogleich die Melodien jener nationalen Kriegsmu-
sik – auch die Anwendung der verschiedenen Instrumente, die
Rhythmen der Trommeln usw. – aufgezeichnet und will etwas
darüber für die musikalische Zeitung aufsetzen, weshalb ich's
hier nicht weiter ausführe, sondern Sie darauf verweise.[1]

Den 23.
Unser König ist mit den Seinigen diesen Morgen nach Berlin ab-
gegangen, wo er – ich weiß nicht, ob als Staats- oder als Kriegs-
gefangener – im königlichen Schlosse wohnen soll. Ein Bürger
erzählt bloß das Faktum dem andern, einfach und ernst. Überhaupt ist die Haltung über die Schicksale unsers Königs seit der
Einnahme der Stadt bei den Bürgern durchaus untadelhaft; bei
denen, die dessen fähig sind, ruhig besonnen, in Betracht der
noch nicht aufgehellten Gegenwart gefaßt, in Hoffnung und Zu-
trauen getrost, vor allem aber in Liebe teilnehmend und getreu.
Vielleicht hätte man sich anderswo anders gezeigt; daß aber
kein anderes, welcher Art es auch sein mögen, besser und wür-
diger gewesen wäre, scheint mir nicht zweifelhaft. –

---

1. Der Aufsatz ist einige Wochen später in Nr. 44 jener Zeitung vom Jahrgang 1813 gedruckt worden.

Napoleon hatte sich nicht bei Dornburg festsetzen können, sondern zieht sich über Naumburg, Weimar usw. zurück. Mit Sorge und tausend guten Wünschen denke ich an alle, die, wie Sie wissen, in Weimar meinem Geist und Herzen mehr oder weniger nahestehen und mich dem ihrigen mehr oder weniger nahestehen lassen. –

Das Innere der Stadt wird endlich reiner; noch aber werden's nicht die Vorstädte, viel weniger die Umgebungen, wo selbst die modernden Leichname nur erst zum kleinsten Teile mit Erde bedeckt werden konnten. An Verwundeten und Kranken zählt die Stadt über 30 000, mithin fast so viel als Einwohner. Für die ängstenden Sorgen um Raum, Nahrungsmittel, für Furcht vor Seuchen usw. konnte man keinen Trost geben als den, der mir Grauen erregte: Geduld, in zwei Wochen lebt die Hälfte nicht mehr![1] Von den französischen Gefangenen kann man ungefähr 6000 nicht weiter verwahren, viel weniger unterbringen, als auf dem Gottesacker, wo die Totengrüfte allein ihnen – oder vielmehr einem kleinen Teile von ihnen – einigen Schutz gegen rauhe, nasse Witterung und Nachtfröste gewähren. In allen Winkeln liegen dort Sterbende oder Gestorbene; ihre Brüder sitzen auf diesen, gleiches Schicksal erwartend. Von den dort nicht Eingeschlossenen schleichen die, welche sich noch auf den Füßen halten können, auf den Straßen umher – Bilder des Entsetzens oder des Ekels. Wenige sprechen um Almosen an; lieber wühlen sie in Kehrichthaufen nach schmutzigen Abgängen aus Küchen und dergleichen; mehre hat man gefunden, wie sie von den noch in den Umgebungen liegenden toten Pferden zehreten. Das Erbarmen tut an ihnen, was möglich ist; aber wieviel ist denn möglich! und wie spät kömmt es an diese Unglücklichen! Da es noch immer so sehr an Brot fehlt (auch ich kann noch keines und um keinen Preis zu kaufen erlangen), da auch andere Nahrung in den nötigen großen Massen schlechterdings nicht herbeigeschafft werden kann, so hat man jedem von ihnen täglich einen Groschen zugestanden, womit er sich helfen soll, –

---

1. Der Trost war allerdings grauenerregend, aber auch gegründet.

einen Groschen bei dieser Teurung! Ihr Elend besiegt, selbst beim Gemeinsten und Rohesten, alle Gefühle gerechten Zorns, wie vielmehr des Hasses und der Rache. Man erzählt einander zwar ihre letzten Schändlichkeiten, die sich nun immer mehr entwickeln – wie zum Beispiel ihr Plündern, Zerstören, Anzünden der Lazarette, worin ihre eigenen kranken Brüder noch lagen; aber Unwille und Empörung wenden sich gegen die Masse – gegen die Gesamtheit; den einzelnen, und wenn sie auch schon wieder eine Masse und Gesamtheit bilden, beweiset jedermann Mitleid und, kann man's, Hülfe. So werden im Geist und Gemüt jene gleichsam ein Abstraktum – wie auch der Bauer sagt: ›der Franzos‹; und gegen diesen soll's auf Tod und Leben gehen, indes er den armen, hungernden Franzosen, kommen sie nur wie Mensch zu Menschen, gern beistehet und dienet. –

Jene Unglücklichen nun, die enge, überfüllte Stadt, der Mangel an gesunder Nahrung bei vielen und an Erquickung bei den meisten, während so gewaltsamer, geistiger und körperlicher Aufreizungen und Anstrengungen bei allen – dies zusammengenommen ist zunächst schuld, daß Krankheiten, vornehmlich ruhrartige und Nervenfieber, auch außerhalb der Lazarette furchtbar um sich zu greifen anfangen. – – Doch ich will mich nicht in ein Klagelied, das reich an Strophen und Gegenstrophen werden könnte, verlieren, sondern gleich mit der Epode abbrechen: Ach, daß das Große, Gewaltige, Herrliche im Leben, kaum ist es aus der Idee in die Wirklichkeit getreten – wenn's nicht den Menschen glücklich zertrümmerte, ihn und sich selbst ins Winzige, Erlahmende, Jämmerliche, gleichsam verschleppt und verschlappt! Wahrlich, wenn einem das so recht lebendig, handgreiflich und fortwährend vor das äußere wie vor das innere Auge geführt würde und der Beschauer, in seinem Innersten eines mächtigen Gegenhalts ermangelnd, sich dem Eindruck, und was dieser von selbst erzeugte, hingäbe: er müßte – wär er mehr Willenskraft – in einen mörderischen Zynismus des Gefühls, wär er mehr Reflexion – in eine trostlos resignierende Weisheit versinken; wo ihn dann – dort, wie den Faust, der Teufel im Sturm holete; hier, wie den Salomo, die Weiber in Üppigkeit auflöseten. Nun, das wird ja der liebe Gott wohl auch wissen und uns armen Erdenwürmern wenigstens das entscheidende ›fortwährend‹ nicht anmuten! – –

Den 26. vormittags.

Allmählich kehrt die öffentliche Ordnung, der nötige Lebensbedarf, die bürgerliche Sicherheit zu uns zurück. Vorhin war ich in dem großen, schönen Garten der uns so teuern Löhrschen Familie. (Sie selbst ist, wie Sie wissen, schon seit sie dies ihr wertestes Eigentum dem Herzog von Padua zu seinen Sommervergnügungen einräumen mußte, in das liebe Weimar geflüchtet.) Mein erster Besuch neulich war nur flüchtig, heute untersuchte ich alles genauer. Das schöne Vorderhaus hat wenig gelitten, ohngeachtet Kugeln selbst durch den von Oeser gemalten und so herrlich verzierten großen Saal geschlagen hatten – aber, wie bestellt, durch die hintern Fenster herein, durch die vordern hinaus. Daß viele der herrlichen, mehr als mannstarken Bäume ganz oder halbzerschmettert umherlagen, daß ganze Partien ausgesuchter Pflanzungen niedergetreten sind, daß das Mittelgebäude übel weggekommen, daß selbst die getöteten Pferde noch nicht alle unter die Erde gebracht sind und dergleichen mehr – das denken Sie sich schon selbst. Aber wie es in den hintern Partien am Fluß aussahe – das können Sie sich nicht denken. Hier hatte ein starkes Korps Polen hitzig, beharrlich und methodisch gegen den Übergang der Preußen gekämpft; Batterien für Kanonen waren da aufgeworfen, ja man hatte einige kleinere Stücke sogar in das zierliche hintere Gebäude eine Treppe hinaufgeschleppt und damit aus den Fenstern der Zimmer geschossen. Dorthin war denn natürlich auch das Geschütz der Herandrängenden vornehmlich gerichtet gewesen, da bildet denn dies vorher so freundliche Gebäude in den obern Stockwerken eine traurige Ruine; der untere Saal ist mit Menschenblut gesprengt; was von den alten, herrlichen Bäumen noch stehet, ist schwer verwundet usw. Wie dieser Anblick eben auf mich wirkte, der ich so oft gerade hier mit dem geistreichen, sanftmännlichen,

wahrhaft edlen Löhr, meinem bis zum Tode getreuen, vertrau-
testen Freunde, so ungemein glücklich war – das kann und
mag ich nicht schildern. Ich weiß freilich, daß Bäume wieder
wachsen, Pflanzungen wieder angelegt, Häuser wieder erbauet
werden können; ich weiß auch, daß, wer sich im Garten des
Lebens vor allen Dornenritzen verwahren wollte, auch keine –
Rosen sich anschaffen müßte – gleichwohl ... Doch genug für
heute! –

Abends spät.
Und dennoch komm ich wieder! Ich kann noch nicht schlafen;
und dies angewachsene Briefpaket muß doch einmal zum Ende
und zur Post!
Ich war diesen Nachmittag bis Abend zum ersten Male selbst
wieder in Connewitz. Ach, wie entlegen ist unser Wissen von
unserm Empfinden! fast so entlegen, als unser Empfinden von
unserm Tun! Ich wußte vollständig, was ich im ganzen Dorfe
und in meinem Freudensitz finden würde; und fand ich einiges
wenige schlimmer, als ich gedacht, so fand ich dagegen weit mehres viel weniger schlimm. Gleichwohl – wie fühlte ich mich erst
überrascht und dann tief in der Seele betrübt! Ja, ja – warum
sollt ich's leugnen? recht eigentliche Betrübnis erinnere ich mich
kaum einigemal in meinem ganzen Leben so empfunden zu haben. Das Bild dessen, was sich mir darbot, zu zeichnen, vermeide
ich: Ihnen will ich, es kennen zu lernen, ersparen; und mir wird
es leider tief genug in der Seele bleiben, dies Bild, nicht etwa
nur des Raubes und Verwüstens, sondern des Mutwilligen, des
Höhnenden dabei; das Bild jenes Geflissentlichen, dem Zerstörer ganz Zweck- und Nutzlosen, zugleich äußerst Mühsamen,
Schwierigen, Beschimpfenden – mithin des Shakespeareschen:
›Lust an Unlust, das ist Lust!‹ –
Was mir geschehen, wird sich für Anblick, Urteil und Genuß
anderer allmählich wiederherstellen lassen, für mich selbst aber
wird mehres und eben von dem, was mir vorzüglich lieb war,
der Natur der Sache nach nie wiederkommen, schon weil ich

die Zeit, wo dies möglich würde, nicht zu erleben hoffen kann; mache ich es aber anders und selbst ebenso hübsch, so wird mich doch die Erinnerung an das mir mehr Zusagende und was sich hieran aus frühern, glücklichern Tagen im Gefühl gekettet, schwerlich jemals wieder zum ungestörten Genuß kommen lassen. – Eigentlichen Schmerz hat mir der Verlust an Habe (was man nun so nennt) auch hier keinen Augenblick verursacht, und soll es nicht; wohl aber haben es manche kleine Einzelnheiten, die mir ans Herz gewachsen waren und bei denen, führe ich etliche an, Sie meinetwegen lächeln mögen; muß ich jetzt es doch selbst! Zum Beispiel also: das sehr gute Marmorbild des ehrwürdigen Kunstfreundes Winkler im Garten – des Mannes, dem ich fast alles verdanke, was ich an Werken bildender Kunst besitze, daran gelernet, daran genossen habe, und lebenslang zu lernen und zu genießen hoffe – dies Bild ist fort; selbst sein großes, schweres Steinpostament (bei Mangel an Werkzeugen mir kaum begreiflich) tief aus dem Grunde herausgewühlt, umgestürzt und in Stücke zerschlagen.[1] In der kleinen Grotte, wo ich an der Seite meiner Henriette – damals nur meiner Freundin – zum ersten Male zu bemerken geglaubt, ich könne ihr mehr werden als irgendein anderer Freund – da hatte ich, als sie eben meine Gattin geworden, eine Tafel mit diesen wenigstens aus voller Seele gedichteten Worten aufgestellt:

> So schön ist's nirgends wie am heimschen Herde,
>   Wo mit den Seinen man vertraulich lacht;
> Wo, frei von Kummer, lächelnd der Beschwerde,
>   Des Lebens Blütenmond man zugebracht.
> O misse gern die laute, bunte Erde
>   Um solches Plätzchens stille Schattennacht:
> Was du dir suchst in tausend Labyrinthen –
>   Dort wirst du's endlich oder nirgends finden.

---

1. Die Büste fand sich später in dichtem Gesträuch, wohin man sie erst geworfen und das, hernach liebend sie verbergend, sie dem Andenken der Zerstörer entzogen hatte.

Ich hatte die Tafel – weil ich in Liebetändelei durchaus wollte, sie sollte Besitzer später Generationen, wo nicht an uns, doch jeden an sich selbst erinnern – mit eisernen Klammern tief in den Stein und überhaupt nach aller Möglichkeit befestigen lassen; sie war dennoch mit größter Anstrengung und Beharrlichkeit herausgearbeitet, und dann der Platz mit Unrat ekelhaft verschimpft. Sie soll nie wieder aufgestellt werden, diese Tafel; denn das taten nicht durch Widerstand erhitzte Feinde, sondern Menschen, die sich Freunde und Bundesgenossen nannten, für die Land und Fürst, Stadt und Dorf, für die jeder einzelne und auch ich alles getan, was irgend möglich war, und die wußten, es sei dies alles, was möglich. – – Mein Herz zog sich krampfhaft zusammen. Ach, möge es sich in anderm Sinne nie zusammenziehen – in Bitterkeit nämlich und Verachtung, da kalt gleichgültige Gerechtigkeit nun einmal so wenig, als Talent und Neigung für strenggemessenes Herrschen, in meiner Natur liegt! Ich kann einmal das Ganze nur im einzelnen fassen, nicht das Einzelne im ganzen: so erhalte denn – Gott, der du mich kennst –, da ich des Einzelnen, das widrig wirken muß, so vieles sehn und erfahren soll, auch solches, das ich recht von Herzen und immerdar achten und lieben kann, damit mein Inneres ausgesöhnt, gemildert, belebt, erhöhet werde, nicht um des Genusses, sondern um des Würdigen und Guten willen! sonst nimm lieber noch in dieser Nacht den Geist von mir, den ich soeben dir und dem Schlafe empfehle! – –

Nachbemerkung des Verlages
zur Person des Autors

Der Hofrat Friedrich Rochlitz, dessen Persönlichkeit wir aus dem ›Tagebuch‹ kennenlernen, war damals 44 Jahre alt, ein hochgeachteter, bekannter Mann, gewohnt, mit der Feder umzugehen. Die französische Besatzung kostete ihn fast die Hälfte seines Vermögens, doch Familie und Heim blieben ihm erhalten, so daß er die Konzentration zu dieser Niederschrift fand und diese ihm die außergewöhnlichen Ereignisse bewältigen half.

Besitz und Ansehen waren ihm nicht in die Wiege gelegt worden. Er kam in bescheidenen Verhältnissen als zweiter Sohn eines Schneiders am 12. 2. 1769 in Leipzig zur Welt. Begabung, Fleiß und eine schöne Sopranstimme verhalfen ihm zu einer Freistelle am Alumneum der Thomasschule, wo er beim Thomaskantor Johann Friedrich Doles eine musikalische Ausbildung erhielt. Als Mitglied des Chores wurde er auch mit solistischen Aufgaben betraut. Er erlernte Klavier- und Orgelspiel und brachte es darin so weit, daß er den Organisten der Thomaskirche vertreten konnte. Doch wählte er die Musik nicht zum Beruf, sondern nahm ein Theologiestudium auf. Nach zwei Jahren trat er eine Hauslehrerstelle bei dem Fabrikanten Oehler in Crimmitschau an, die er nach eineinhalb Jahren verließ, um zu Michaelis 1792 sein Studium in Leipzig fortzusetzen. Aber noch vor dem Examen gab er die Theologie endgültig auf und wurde freischaffender Schriftsteller und Mitarbeiter zahlreicher Zeitschriften, wobei er nach eigener Aussage finanziell nicht schlecht gestellt war.

Im Jahre 1794 erschien sein erstes Buch ›Zeichnungen von Menschen nach Geschichte und Erfahrung‹, ihm folgten geschichtliche und pädagogische Schriften wie auch dramatische Werke. Sein Lustspiel ›Es ist der Rechte nicht‹ wurde am 12. 2. 1800 von Goethe in Weimar mit Erfolg aufgeführt. Innerhalb weniger Jahre inszenierte dieser drei weitere Stücke von ihm, auch seine Übersetzung von Sophokles' ›Antigone‹. Die Freundschaft zu

Goethe und der Briefwechsel mit ihm, der 1800 einsetzte, hielten bis zu dessen Tode an. Von den Briefen sind 156 erhalten, die Woldemar Freiherr von Biedermann 1887 veröffentlichte.

Für Rochlitz war Goethe zeitlebens das große, verehrungswürdige Vorbild. Goethe war sowohl an der Persönlichkeit des vielseitig gebildeten Rochlitz als auch an der Verbindung zu Leipzig gelegen. Er holte Rochlitz' Urteil über seine neuesten Werke ein, und dieser schrieb über einige Rezensionen. Er tauschte mit ihm als Kunstkenner und Sammler Meinungen aus und bat, ihm dieses und jenes zu erwerben, ihm Kataloge zu übersenden, Auskünfte über Personen zu geben, Bücher einbinden zu lassen usw. Rochlitz vermittelte den Kauf eines Flügels, verhandelte wegen eines Honorars mit der Weigandschen Buchhandlung und war zu diesen und anderen Gefälligkeiten stets gern bereit. Als das Weimarer Hoftheater 1807 in Leipzig gastierte, bemühte er sich um die Aufführungen und berichtete Goethe ausführlich über ihre Aufnahme beim Publikum und die Leistungen der Schauspieler. Rochlitz hat Weimar mehrmals besucht, wurde in Goethes Haus herzlich aufgenommen und auch bei Hof eingeführt. Durch Goethes Vermittlung erhielt er den Titel eines herzoglichen sächsischen Rates und später den eines sachsen-weimarischen Hofrates.

Als Schriftsteller verfaßte Rochlitz Trauerspiele, Komödien, Singspiele, schrieb Romane, Novellen, Skizzen, geistliche Dichtungen, Balladen und Lieder, die teils in Zeitschriften, teils in Büchern erschienen sind. In den Jahren 1805/06 gab er mit Christoph Martin Wieland und Johann Gottfried Seume das ›Journal für deutsche Frauen‹ heraus, das er unter dem Titel ›Selene‹ 1807/08 weiterführte. Man sieht: ein überaus vielseitiger Mann. Das ›Tagebuch der Leipziger Schlacht‹ nahm er 1816 in den zweiten Band der Ausgabe ›Neue Erzählungen‹ auf. Die gelungensten seiner schriftstellerischen Arbeiten vereinigte er 1821/22 in sechs Bänden unter dem Titel ›Das Beste aus Friedrich Rochlitz' gesammten Schriften‹. Der letzte Band enthält das ›Tagebuch‹ in zweiter Auflage. Der erste ist Goethe gewidmet, der sich in einem Brief ermutigend und anerkennend über den Inhalt äußerte. Gehört Friedrich Rochlitz auch nicht zu den bedeutenden Schriftstellern, so nahm er doch unter den zeitgenössischen einen geachteten Platz ein.

Die größten Verdienste erwarb sich Friedrich Rochlitz als Musikschriftsteller und Förderer des Leipziger Konzertlebens. Im Jahre 1798 gründete er mit Gottfried Härtel, dem Teilhaber des Verlages Breitkopf & Härtel, von dem wahrscheinlich die Initiative ausging, die ›Allgemeine musikalische Zeitung‹, die unter seiner Leitung zur führenden Musikzeitschrift in Deutschland wurde. Sie war sowohl Nachrichtenblatt als auch wissenschaftliche Fachzeitung, ein Vermittlungsorgan zwischen Künstler und Publikum und in ihrer Vielfalt für die Zeitgenossen etwas Neues. Aus zahlreichen deutschen und europäischen Städten gingen teils regelmäßig, teils gelegentlich Berichte ein, was bezeugt, wie verbreitet die Zeitschrift war. Sie zwanzig Jahre auf gleich hohem Niveau zu halten erforderte große Rührigkeit ihres Redakteurs. Im Jahre 1818 legte er dieses Amt nieder. Gottfried Härtel übernahm selbst die Leitung der Zeitschrift, und Rochlitz blieb stiller Berater und Mitarbeiter. Seine Beiträge zeigen ihn auf der Höhe der Forschung seiner Zeit. Die besten musikwissenschaftlichen Arbeiten gab er 1824 in dem zweibändigen Sammelwerk ›Für Freunde der Tonkunst‹ heraus, eine zweite Auflage folgte 1830/32 in vier Bänden. Als Historiker untersuchte er die Geschichte des Gesanges in den letzten 300 Jahren und veröffentlichte 1828 bis 1840 in drei Bänden die ›Sammlung vorzüglicher Gesangstücke‹.

Friedrich Rochlitz nahm am Konzertleben Leipzigs regen Anteil und wurde 1805 ins Direktorium der Gewandhauskonzerte gewählt. Im Nachruf des Direktoriums heißt es, daß ihm lange Zeit die spezielle Anordnung des Repertoires übertragen war und er sich der Aufgabe mit so viel Sorgfalt als Sachkenntnis unterzogen habe. In einem Brief an Ludwig Spohr vom 9. September 1835 berichtet Rochlitz, er habe mit Mendelssohn-Bartholdy, der seit 1835 – auch durch sein Mitwirken – Dirigent des Gewandhausorchesters war, schon den Plan zu allen zwanzig Konzerten entworfen.

Im Jahre 1809 heiratete Friedrich Rochlitz eine Freundin seiner Jugend, Henriette Hansen, die jetzt die Witwe des Kaufmanns Friedrich Daniel Winkler war. Sie brachte ein großes Vermögen in die Ehe ein, das Rochlitz finanziell unabhängig machte. Auch ein Teil der kostbaren Gemälde- und Zeichnungensammlung, die ihr Schwiegervater Gottfried Winkler erworben hatte, ging in den Besitz der neuen Familie über. Die im ›Tagebuch‹ erwähnten Kinder Georg und Wilhelmine entstammten Henriettes erster Ehe. Eigene Kinder hatte Friedrich Rochlitz nicht. Der Arzt, Philosoph und Maler Carl Gustav Carus beschrieb ihn in seinen ›Lebenserinnerungen und Denkwürdigkeiten‹ (1865) als einen Mann ›von langer schmächtiger Statur, feiner, gemüthlicher Gesichtsbildung und freundlichem, durchaus gehaltenem Wesen‹. Abgesehen von seinem Aufenthalt in Crimmitschau, hat Rochlitz Leipzig nie für längere Zeit verlassen. Doch kleinere und größere Reisen wurden jährlich unternommen. Auch Kuren waren nötig, denn seine Gesundheit war nicht die kräftigste, in Briefen wird von sehr ernsthaften Erkrankungen berichtet. Ein schwerer Schlag war für ihn im März 1834 der Tod seiner Frau. In den letzten Lebensjahren verschlechterte sich sein Gesundheitszustand, doch seine Arbeitskraft blieb bis zuletzt ungebrochen. Nach vierwöchentlichem Krankenlager starb er am 16. 12. 1842 an einem Nervenfieber.

Mit Dichtern und Schriftstellern, aber auch mit allen namhaften Komponisten und Musikern seiner Zeit war Friedrich Rochlitz mehr oder weniger bekannt, mit einigen befreundet. Ein großes Erlebnis war in seiner Jugend der Besuch Mozarts in Leipzig 1789. Rochlitz erwähnt, daß er oft um ihn gewesen sei, und zählte zu seinen schönsten Erinnerungen, wie Mozart in der Thomaskirche auf der Orgel phantasiert habe. Er kannte Carl Maria von Weber seit dessen 15. Lebensjahr und war später mit ihm befreundet. Eine enge Freundschaft verband ihn seit einem Konzert 1804 in Leipzig mit Ludwig Spohr (1784–1859). Für ihn schrieb er zwei Oratorientexte, ihn besuchte er 1835 in Kassel. Ernst Rychnovsky gab 1903/04 ihren Briefwechsel heraus. Im Jahre 1809 bot E. T. A. Hoffmann der ›Allgemeinen musikalischen Zeitung‹ seine Mitarbeit an. Neben zahlreichen Rezensionen und musikwissenschaftlichen Abhandlungen hat er in diesem Blatt erste literarische Skizzen und kleine Dichtungen veröffentlicht, die seinen poetischen Ruf begründen halfen und in die ›Fantasiestücke in Callots Manier‹ eingegangen sind. ›Ich habe Hoffmann in einer der entscheidendsten und vielleicht in der besten Periode seines Lebens genau kennen gelernt‹, sagt Rochlitz in dem Lebensbild, das er von ihm gab. Im Auftrag von Breitkopf & Härtel fuhr Rochlitz 1822 nach Wien, um bei Beethoven anzufragen, ob er zu Goethes Faust eine ähnliche Musik wie zu dessen Egmont schreiben könne. Er führte mit ihm drei Gespräche, über die er in zwei Briefen ausführlich berichtet. Beethoven sei von dem Vorschlag angetan gewesen, konnte ihn aber wegen Arbeiten an anderen großen Werken nicht aufgreifen. Auch Salieri lernte Rochlitz bei diesem Besuch kennen. Dieser bat ihn, nach seinem Tode über ihn zu schreiben, und Rochlitz hat diesen Wunsch erfüllt.

Von den lebenden Komponisten sind es vor allem Beethoven, Weber und Spohr, für die Rochlitz in seiner Zeitschrift durch Besprechung ihrer Werke geworben hat. In hohem Maße setzte er sich für Bach und Händel ein, deren Renaissance – auch durch sein Wirken – damals gerade begann, ebenso für Gluck, Mozart und Haydn. Er nutzte das Blatt aber auch, um zu tätiger Hilfe aufzurufen. Im Mai 1800 wandte er sich mit der Bitte an die Leser, die in dürftigen Verhältnissen lebende jüngste Tochter Bachs, Regine Susanna, das letzte lebende Mitglied der großen Bach-Familie, zu unterstützen. Sie dankte für die Summe von 96 Talern und 5 Groschen, die ihre letzten Lebensjahre – sie starb 1809 – erleichtern half.

Der Schweizer Hans Ehinger legte 1927 in Basel eine Dissertation über das Thema ›Friedrich Rochlitz als Musikschriftsteller‹ vor und leitete das Vorwort mit den Sätzen ein: ›Als merkwürdige Tatsache muß es bezeichnet werden, daß Friedrich Rochlitz, ein einst berühmter Sohn seiner Vaterstadt, in Leipzig noch so wenig Würdigung erfahren hat. Seit des eifrigen Dörffels rei-

chem Anhang zur dritten Auflage von ‚Für Freunde der Ton-
kunst' ist kaum etwas Ergiebiges über ihn geschrieben worden.‹
Alfred Dörffel gab diese dritte Auflage 1868 heraus. Heute ist
Friedrich Rochlitz der Vergessenheit nicht weniger anheimge-
fallen, als er es damals war, und Ehingers Arbeit, die 1929 bei
Breitkopf & Härtel erschien, ist die bisher umfassendste und
auch die einzige über ihn geblieben. Mit dieser biographischen
Skizze wollen wir Friedrich Rochlitz in Erinnerung bringen und
darauf verweisen, wie sehr er seiner Verdienste um Musik und
Literatur und seiner humanistischen Gesinnung wegen eines Er-
innerns wert ist.

Das ›Tagebuch der Leipziger Schlacht‹ erweist ihn als einen
Mann, der unter lebensbedrohlichen Umständen Fassung be-
wahrte, dessen menschliche Anteilnahme an den Geschehnissen,
dessen Bemühen um Objektivität und Gerechtigkeit seine Lau-
terkeit erkennen lassen. In anschaulich geschilderten Szenen und
Episoden wird uns Gesehenes, Erlebtes, Erfahrenes vor Augen
gestellt, wird die Atmosphäre jener Tage für uns spürbar; und
so zeigt dieses Stück Prosa, daß der Schriftsteller Friedrich Rochlitz auch heute noch die Leser zu fesseln vermag.

Inhalt

Goethe über
›Tage der Gefahr‹ von Friedrich Rochlitz
5

Vorbericht
9

Ein Tagebuch der Leipziger Schlacht
11

Nachbemerkung des Verlages
zur Person des Autors
88

ISSN 0233-1047
ISBN 3-7351-0123-2

Insel-Verlag Anton Kippenberg, Leipzig
Vierte Auflage
Lizenz Nr. 351/260/17/88 · LSV 7103
Gesetzt und gedruckt in den Druckwerkstätten Stollberg,
gebunden in der Kunst- und Verlagsbuchbinderei Leipzig
Schrift: Garamond-Antiqua
Überzuggestaltung: Ursula Lemnitz
Printed in the German Democratic Republic
Bestell-Nr. 787 366 9